D1388293

Parcelles de sagesse

André Harvey

Parcelles de sagesse

365 réflexions quotidiennes

 Éditions de Mortagne

┌───┐
Données de catalogage avant publication (Canada)

Harvey, André, 1950-

Parcelles de sagesse

Comprend des réf. bibliogr.

ISBN 2-89074-361-6

1. Sagesse - Citations, maximes, etc.   2. Simplicité -
Citations, maximes, etc.   3. Tranquillité d'esprit - Citations,
maximes, etc.   I. Titre.

PN6338.W57H37 1994   C848'.5402   C94-941102-7
└───┘

Édition
Les Éditions de Mortagne
Case postale 116
Boucherville (Québec)
J4B 5E6

Distribution
Tél.: (450) 641-2387
Télec.: (450) 655-6092

Dépôt légal
Bibliothèque nationale du Canada
Bibliothèque nationale du Québec
Bibliothèque Nationale de France
3e trimestre 1994

ISBN: 2-89074-361-6

4 5 6 7 – 94 – 02 01 00 99

Imprimé au Canada

Ce livre est dédié à Clémence-Ann,
qui est pour moi à la fois une
grande amie et un grand maître.
Merci de m'avoir appris à me libérer
de mes limites et à redécouvrir,
par l'émerveillement du moment
présent, la joie de seulement
«être»!

Remerciements sincères à tous mes précieux collaborateurs et collaboratrices:

Céline, mon épouse, et mes deux filles, Barbara et Annick, pour leur constant support qui se situe souvent bien au-delà des mots;

Reine-Marguerite, ma mère, pour sa disponibilité et tout cet amour qu'elle a mis dans la transcription de mes textes;

Jean-Pierre, mon frère, pour les nombreuses heures passées à la création de l'index à la fin;

Micheline, relationniste dépareillée et amie sincère, pour son grand dévouement et son appui inconditionnel;

Marie-France, de *l'Auberge La Catalina*, en République Dominicaine, qui m'a si chaleureusement accueilli dans son paradis pour l'écriture de ce livre;

Françoise, pour sa complicité de dernière minute et son inconditionnel esprit d'entraide.

Pour diversifier l'utilisation de ce volume,
un index a été ajouté à la fin.

Un grand pas vers la sagesse et le bonheur intérieur sera franchi lorsqu'on aura appris à être bien en tout et partout, quels que soient les situations que l'on vit et les endroits où l'on se trouve. Ce bien-être nous permet de goûter pleinement chaque instant et chaque expérience, sans nous préoccuper outre mesure du lendemain ou du passé. On est souvent porté à tisser d'inutiles liens avec le futur comme avec le passé, ce qui nous entraîne parfois hors du bonheur présent. Certaines personnes, quand elles sont en vacances, gâtent leur plaisir en comptant constamment le nombre de jours qu'il leur reste ou en s'attachant excessivement à l'ennui ressenti par les gens qu'elles ont laissés derrière eux. **Le moment présent est si précieux qu'il doit être savouré dans toute sa force** et avec le plus de positivisme possible.

Si vous êtes, malgré vous, entraîné dans le mouvement stressant de la vie mais que vous avez la finesse de vous en apercevoir avant d'être absorbé par lui, voici un petit exercice qui vous aidera à reprendre contact avec vous-même. **Levez-vous de bon matin, et prenez le temps de regarder s'ouvrir une fleur.** Portez toute votre attention sur elle. Dès que votre cerveau tentera de vous convaincre que vous perdez votre temps, dites-lui d'aller… se reposer lui aussi. Contemplez cette fleur en essayant de vous imprégner du moindre de ses mouvements, de chaque teinte qui se manifeste à la naissance d'un nouveau jour. Puis partez à votre travail en gardant en tête cette merveilleuse, quoique si simple, expérience. Rappelez-vous que tout comme elle le fait pour cette fleur, la vie se chargera de vous et de votre épanouissement, que vous vous débattiez ou non pour ne pas perdre la maîtrise de votre existence. Si vous répétez cette expérience en en saisissant chaque fois la profondeur, vous vous laisserez aller un peu plus de jour en jour vers l'abandon.

Soyez assuré qu'en cet instant même, vous vous trouvez où vous devez être, à l'endroit idéal et avec les personnes les plus propices à votre avancement spirituel. Rien n'est laissé au hasard dans l'Univers, et ce que vous vivez en ce moment est ce qui peut vous arriver de mieux pour l'évolution de votre âme. Vos émotions vous suggèrent peut-être que vous vous trouvez au mauvais endroit et avec les mauvaises personnes, mais ne vous laissez pas leurrer. Soyez assuré que quelles que soient les situations vécues, tous les gens concernés en retiendront des leçons et des expériences qui leur seront propres. Plus tard, quand vous aurez pris un certain recul, vous vous apercevrez que la vie ne vous a jamais abandonné, qu'elle ne vous a jamais laissé seul avec vous-même! **Tout, dans l'Univers, a sa raison d'être**. À vous d'avoir la patience, le courage et la sagesse d'en déceler les subtilités...

Se tenir constamment dans l'action, dans le cheminement spirituel, dans le développement de ses idées, voilà ce qui garde l'être humain en vie. En effet, la vieillesse peut nous atteindre à tout âge, à partir du moment où l'on aura décidé de se laisser aller, de ne plus rien faire, de ne plus agir. Être vieux, c'est se dessécher dans l'immobilité, c'est cesser d'avancer en bloquant son évolution à tous les niveaux. Par contre, être vraiment jeune, c'est découvrir qu'à soixante-quinze ans, par exemple, on peut s'acheter un ordinateur, apprendre de nouvelles choses, puiser une eau régénératrice dans des livres de croissance personnelle, dans des conférences intéressantes, etc. En agissant ainsi, on fait renaître en nous et en d'autres personnes de notre entourage le goût de vivre et de faire de nouveaux projets. **Être jeune, c'est tout simplement cesser de mourir,** peu importe l'âge que l'on a.

Le meilleur conseil que l'ont m'ait un jour donné, c'est de ne répondre qu'aux questions qui m'étaient posées. Tirant vanité des connaissances que j'avais acquises, j'avais souvent tendance à vouloir convaincre les autres que je détenais la Vérité, que ce que je croyais était sans aucun doute ce que tout le monde devait croire. Avec les années, **j'ai découvert que je ne possédais que ma propre vérité,** celle qui me faisait évoluer, moi, et pas nécessairement les autres. À partir de ce moment, je cessai donc de débattre inutilement de mes points de vue et acceptai le fait que chacun évoluait selon la route qu'il avait choisie, même si celle-ci se trouvait dans la direction complètement opposée à la mienne. Si, comme moi, vous éprouvez cet ardent désir de partager les perles que vous avez reçues, évitez de défoncer les portes. Frappez-y plutôt et attendez que l'on vous ouvre. N'insistez jamais; vous risqueriez de faire plus de mal que de bien, à vous-même comme à la personne que vous voulez aider contre son gré. En agissant ainsi, vous ne gaspillerez plus d'énergie à prêcher dans le désert!

Écouter son intuition est une pratique quotidienne, un «travail» qui peut facilement s'étendre sur toute une vie. Il faut en effet apprendre à détecter si la voix que l'on entend à l'intérieur de soi est bien celle du cœur ou plutôt celle de notre mental... Habituellement, la toute première inspiration, la suggestion ou l'aspiration ressentie en premier lieu est la manifestation véritable de l'intuition. Citons, par exemple, le cas où l'on veut s'acheter une pièce de vêtement: la première boutique visitée est souvent celle où l'on trouvera exactement ce que l'on désire. Avez-vous remarqué que l'on revient presque toujours à notre point de départ, à l'endroit où notre intuition nous a conduit, bien avant que notre intellect nous dise qu'on trouverait sûrement plus beau et moins cher ailleurs? **L'intuition véritable est ce cri du cœur qui nous veut le plus heureux possible.** Arrêtez-vous quelques instants la prochaine fois que vous aurez une intuition et, avec une très grande neutralité, tentez de déceler si elle est dictée par votre âme (votre cœur) ou par votre ego (votre intellect). Les messages de l'âme sont clairs et ne requièrent aucune explication. Ceux de l'intellect naissent souvent du doute et soulèvent bon nombre d'arguments.

Plus on intellectualise sa foi, plus on risque de s'éloigner de la Vérité. Certaines religions, pour répondre à la demande souvent inconsciente de leurs disciples, fournissent à ceux-ci des milliers de pages expliquant ce que devrait être leur comportement et la façon «correcte» de penser. La Vérité est beaucoup plus simple que ça; elle ne doit pas être trop complexe pour être crédible. Les rituels, les incantations, les cérémonies fastueuses deviennent, en fait, inutiles quand on comprend que Dieu est si près de notre cœur qu'un seul mot, une seule pensée peut suffire pour L'amener à déverser sur nous une avalanche de bénédictions. **Plus on considère ce Dieu comme étant éloigné de nous, plus on a besoin de moyens compliqués et ardus pour le rejoindre.** Par contre, lorsqu'on sait que Dieu est simplement là, en nous, on s'en fait un ami intime et on peut se confier à Lui en toute quiétude. Prenez quelques instants pour découvrir où se trouve Dieu dans votre vie: à l'extérieur de vous? tout près de vous? à l'intérieur de vous?

Quel défi que d'être vraiment soi-même et de présenter constamment à autrui son vrai visage! **L'homme simple et sage a appris à vivre sans masque,** en laissant transparaître la vérité sous toutes ses faces. Cette image que l'on s'efforce de projeter, il faut en arriver à l'incarner parfaitement, de façon à ne plus jamais devoir faire semblant d'être quelqu'un d'autre pour arriver à plaire. Ainsi, quand on désire que les gens disent de nous que nous sommes charitable, il nous faut tendre consciemment et de toutes nos forces vers la charité. Il en va ainsi pour l'honnêteté, l'amabilité ainsi que pour toutes les qualités que nous idéalisons. Si tous les gens n'avaient qu'une seule face, il n'y aurait plus jamais de guerre, car il ne se glisserait aucun malentendu entre eux. La vérité serait toujours bonne à dire, et on ne gaspillerait pas autant d'énergie à jouer un rôle ou un autre selon les circonstances. Est-ce qu'il vous arrive de porter des masques pour plaire aux autres?

Quand on s'abandonne complètement à la Vie, à ce Sage intérieur, à ce Dieu qui nous guide, on s'aperçoit tout de suite qu'il n'est même plus nécessaire de Lui demander quoi que ce soit, pour nous aussi bien que pour les autres. Si on sait réellement mettre notre sort entre les mains du Très-Haut, Celui-ci s'organisera pour que se présentent naturellement à nous les événements les plus susceptibles de nous faire avancer vers la sérénité et l'illumination. J'ai appris, il y a longtemps, à visualiser mon futur avec positivisme, richesse et beauté dans le dessein d'attirer à moi le meilleur. Maintenant, **je me laisse glisser avec confiance dans le flot de ma vie et je n'ai même plus besoin d'espérer quoi que ce soit.** Le procédé d'harmonisation de tous mes actes s'est enclenché, et TOUT ce qui m'arrive est directement lié à mon évolution spirituelle, sans que j'aie à m'en mêler d'une quelconque façon. Est-ce que votre âme vous a déjà exhorté à tendre vers cet abandon, dans des circonstances particulières de votre vie? Soyez à l'écoute de ses aspirations.

La vie est une grandiose pièce de théâtre où chacun a un rôle bien précis à jouer, le metteur en scène étant, bien sûr, l'Être suprême. **Tout ce qui nous arrive a sa raison d'être.** Tout événement survenant dans une vie a la particularité de pouvoir faire évoluer chacune des personnes concernées, et ce, à tous les niveaux. Ainsi, quand on se rend à l'évidence et que l'on admet sans l'ombre d'un doute que le hasard n'existe pas, que chacune des aventures de notre vie, même les plus tragiques, peut nous faire grandir, il n'y a plus de raison de s'en faire pour quoi que ce soit. On apprend alors à dédramatiser la vie et on cesse enfin de prendre son rôle trop au sérieux! Est-ce que les acteurs qui, par exemple, se sont battus durant une pièce de théâtre continuent à le faire une fois que la représentation est terminée et qu'ils sont redevenus eux-mêmes? Non, ils en rient, ils font la fête et sont heureux de leur performance. Vous arrive-t-il parfois de vous identifier un peu trop au personnage que vous incarnez? Apprenez à rire de vous-même; c'est une excellente thérapie, gratuite en plus...

Au-delà du monde de l'ego, aucune émotion n'a d'emprise. Ce monde de l'ego, c'est celui des émotions, de l'intellect, du mental qui ressasse continuellement les mêmes erreurs et recrée les mêmes souffrances jusqu'à ce que le message qui s'y rattache soit compris. Il est important de procéder à un profond nettoyage au cœur de nos émotions, surtout quand celles-ci sont devenues les maîtres incontestables de notre vie. Un événement malheureux subi durant notre jeunesse peut nous faire souffrir pendant toute notre vie. Il est dès lors primordial de reconnaître la véritable source de nos malaises et d'en balayer les effets négatifs une fois pour toutes. Puis, quand ce grand nettoyage est terminé, il est temps de passer à l'étape suivante qui consiste à **s'élever consciemment au-dessus de cet ego lorsque les émotions refont surface,** afin d'en laisser couler le flot loin de nous. Avez-vous tendance à retomber facilement sous la domination de vieilles émotions, même si celles-ci ont été apparemment reconnues et réglées?

Tendre vers la perfection tout en acceptant de ne pas être parfait, de ne pas toujours être à la hauteur, voilà un défi de taille pour tous les chercheurs de Vérité qui aspirent à la sérénité totale. **La meilleure façon d'enseigner l'amour et l'harmonie, c'est d'y baigner soi-même constamment.** Mais cela requiert souvent des années de pratique, à se promener de chutes en relèvements de toutes sortes. Quelqu'un a dit que tomber était humain mais que se relever était divin! Quelle vérité! Mais avant de devenir complètement «divin» et de vivre vingt-quatre heures par jour dans ce que l'on sait être bon, il est primordial de reconnaître d'abord notre vulnérabilité. Il nous faut accepter le fait que nous ne sommes que de simples humains et qu'il est donc normal que nos instincts nous incitent parfois à agir à l'opposé de ce que nous considérons comme la voie idéale. L'important, c'est de s'en rendre compte à temps, de se pardonner ses écarts et ses défauts, et de s'efforcer de rétablir la situation au meilleur de notre connaissance. Nul n'est plus loin de la perfection que celui qui s'y croit arrivé! Même le plus grand sage a encore des choses à apprendre. Voilà qui est quand même encourageant, n'est-ce pas?

Parfois, certaines personnes, sans trop s'en rendre compte, ont tendance à se complaire dans leur solitude. Le fait d'être seules dans des moments particuliers (Noël, Pâques, etc.) leur sert même d'argument pour affirmer qu'elles ne sont pas aimées et, par conséquent, qu'elles sont délaissées par tous. Plus elles se plaignent de leur isolement, plus elles s'en convainquent et plus elles contribuent à creuser le fossé entre elles et les autres. La solitude n'est pas mauvaise en soi. Pour certains, elle peut constituer un havre de paix; pour d'autres, une cage tapissée d'ennui. En fait, **la solitude n'est négative que pour les gens qui n'ont pas préalablement pris le temps d'apprendre à s'arrêter,** à vivre pleinement le moment présent, à fonctionner et à œuvrer dans le silence, face à eux-mêmes. Ce ne sont jamais les autres qui nous laissent seuls, mais nous-même qui, d'une façon ou d'une autre, nous isolons des autres.

Une personne qui aime pleinement ce qu'elle fait ne devrait jamais avoir besoin de vacances, à moins d'être physiquement épuisée. Quand on réussit à affronter son travail en adoptant le même état d'esprit que celui d'un enfant qui joue ou d'un pianiste qui est transporté par sa pièce de musique, tout devient émerveillement, et chaque instant est vécu avec intensité. **Quand on aime vraiment ce que l'on fait, toute notion d'obligation ou d'ennui disparaît.** Même qu'on pourra tomber dans le piège de l'excès et outrepasser ses forces. Un enfant peut jouer à son jeu préféré pendant des heures et des heures, et parfois, si on ne l'arrête pas, il pourra vivre tellement intensément le moment présent qu'il s'exténuera sans s'en rendre compte. L'équilibre et le gros bon sens doivent nous guider en tout, même dans ce qu'on aime le plus. Quand on agit en état de constant émerveillement, notre journée de labeur devient une «journée-vacances»; on peut même s'amuser à travailler durant ses vacances! On n'a plus besoin de congés pour «décrocher», car on le fait continuellement. Réfléchissez pendant quelques instants au genre d'emploi qui vous rendrait parfaitement heureux. Que pourriez-vous faire pour l'obtenir? («Rien» n'est pas une réponse acceptable... ne fermez jamais de porte en utilisant une négation.)

La recherche de la sagesse est une simple quête de bonheur. Un grand sage disait que **notre seul devoir sur la terre était d'être heureux.** C'est tout ce que nous avons à faire, ce devrait être notre seule préoccupation, un but tout simple auquel il faut souvent accorder l'espace et l'attention de toute une vie. Cette recherche quotidienne du bonheur ne peut se faire qu'en manifestant un réel désir de compréhension des choses et en «dédramatisant» les événements qui parsèment notre vie de tous les jours. Plus on réussit à faire la lumière sur les véritables causes des événements qui se présentent à nous comme à ceux qui nous entourent, plus on apprend à en décoder les messages, et souvent on finit par en rire. Les drames que l'on se crée de toutes pièces sont toujours issus des élucubrations de notre mental qui se fait souvent un malin plaisir à tout compliquer! Appliquez-vous donc à être simplement heureux, coûte que coûte, aujourd'hui.

L'homme qui baigne dans un réel bonheur et qui est animé d'un profond désir de sagesse vit constamment dans une atmosphère de sérénité. Pour lui, chaque chose et chaque événement a sa raison d'être; chacun l'entraîne indubitablement vers une compréhension plus éclairée de la vie et vers un bonheur toujours plus intense et plus durable. Pour lui, jamais de débordements excessifs de joie, jamais non plus de profondes peines. Bien sûr, il a des émotions, parce qu'il est humain, mais il ne les laisse pas l'entraîner d'un extrême à l'autre. Il est d'humeur égale. On ne le verra jamais démontrer une tristesse à fendre l'âme ni crier à haute voix sa joie de vivre. **Il est heureux «quelle que soit la situation où il évolue»,** car il sait au plus profond de lui-même que chaque chose a sa raison d'être, que **tout est parfait!**

L'harmonie que l'on manifeste sous toutes ses formes envers la nature constitue un fidèle reflet de notre degré d'évolution. Si l'on considère les animaux, les plantes et les pierres comme des entités en pleine évolution, des éléments qui, tout comme nous, font partie du même Univers, mais à des degrés de vibrations différents; si on les traite comme s'il s'agissait de fidèles amis, ou même de nos propres enfants, alors là, on peut être fier du chemin que l'on a parcouru. Car comment pourrait-on se montrer irrespectueux envers son prochain si on s'est graduellement habitué à demander à une fleur la permission de la couper pour pouvoir transmettre, à travers elle, de l'amour à quelqu'un; à un animal de nous donner sa vie pour pouvoir nourrir d'autres humains; à une pierre de supporter nos pas pendant quelques instants? **L'harmonie avec la nature est l'une des conditions essentielles pour pouvoir atteindre un niveau de conscience supérieur.** Aujourd'hui, prenez plaisir à parler à toutes ces choses qui vous entourent. Soyez conscient de la vie qui règne partout et en tout.

Le hasard n'existe pas; sinon l'Univers ne serait-t-il pas qu'une suite d'incohérences qui le mènerait irrémédiablement à un chaos indescriptible? Chaque instant, dans la vie de cet Univers, représente une parcelle d'évolution pour toutes ses composantes. Ce qui se passe à des milliards de kilomètres de notre planète, en des endroits inconnus de nous, a pourtant un effet sur notre propre cheminement, car **nous faisons partie du même «voyage», chacun apportant sa contribution à l'évolution de l'Univers entier.** Dieu est l'Intelligence régissant toute cette «organisation». Donc, la moindre action d'amour que nous posons a des répercussions sur le reste de l'Univers. N'est-ce pas merveilleux? Ne s'agit-il pas là d'une extraordinaire raison de vivre! Notre mental peut difficilement comprendre et admettre ces choses, car elles font partie du monde de l'âme, que le mental a tellement de mal à «expliquer». Prenez en cet instant conscience de votre importance et de votre responsabilité en ce qui a trait à votre bonheur. Le seul fait que vous soyez heureux a des effets bénéfiques sur tout ce qui vous entoure. N'oubliez jamais que nous sommes tous reliés les uns aux autres.

L'âge est une chose de l'esprit; si on l'oublie, il perd toute son importance! Voilà un secret que l'on a tendance à oublier, surtout le jour de son anniversaire alors que tout le monde s'efforce de nous faire accepter le fait que nous sommes maintenant plus «vieux» d'un an. Notre éducation rigide, qui refusait l'existence de l'invisible, nous a ancrés, dès notre plus jeune âge, dans cette roue temporelle immuable qui nous fait vieillir parfois plus vite qu'on le devrait. Ayez donc deux âges: celui que vous avez dans votre cœur et celui que votre corps présente aux yeux des autres. Si quelqu'un veut savoir votre âge, demandez-lui lequel il désire connaître: celui de l'intérieur ou celui de l'extérieur? **Amusez-vous à redevenir ce petit enfant qui découvre tout** et s'émerveille à chaque instant. C'est la seule façon de rajeunir vraiment. Sachant ceci, quel âge vous donneriez-vous maintenant?

J'ai reçu la plus belle leçon de méditation dans une salle de... cinéma. Et c'est un enfant qui me l'a servie! Au moment où les toutes premières scènes du film envahissaient l'écran, le visage du petit homme s'est éclairé instantanément d'un magnifique sourire, entièrement imprégné de l'action qui se déroulait devant ses yeux. Il se tenait tout simplement là, dans toute sa candeur, tirant de l'écran magique le plus pur et le plus simple bonheur, vibrant dans l'intensité du moment présent. C'est alors que j'ai compris que c'était cela, le but de toute méditation: vivre intensément, une chose à la fois. J'ai pris conscience que **méditer ne consistait qu'à mordre dans l'instant présent** et à s'y consacrer entièrement pour se laisser imprégner de toute l'énergie de vie qui y est concentrée et que l'on ne retrouvera jamais plus. Aujourd'hui, faites l'expérience de vous absorber complètement dans la moindre de vos tâches. Vous verrez la satisfaction qui en découle.

arfois, on a l'impression que le travail manuel, routinier, aucunement spirituel en apparence, ne peut que nous abrutir et nous éloigner de la spiritualité. Détrompez-vous, car même si certaines actions semblent uniquement matérielles, elles peuvent faire grandir leur auteur si elles sont accomplies avec la conscience du divin. La tâche la plus anodine, comme laver la vaisselle, balayer le plancher, repasser le linge, peut devenir une besogne purificatrice si on l'offre à Dieu ou si on l'accomplit avec intensité et joie. **Chaque action effectuée avec amour décuple ses effets bénéfiques dans les plans subtils,** les répandant ensuite aux alentours. Il est évident qu'une telle conscience universelle ne peut s'acquérir du jour au lendemain. Mais petit à petit, à coups d'efforts et d'essais répétés, elle viendra s'installer chez vous sans que vous vous en rendiez trop compte.

Vivre continuellement dans la conscience divine, c'est le but que désire atteindre tout être en recherche de réalisation et de perfection. La personne qui y parvient exécute toutes ses tâches, des plus matérielles aux plus spirituelles, selon la même optique: faire grandir la partie divine qui l'anime et la purifier. Vivre dans la conscience divine ne signifie pas qu'il faille être en état de méditation vingt-quatre heures par jour ou que l'on doive vivre en ermite au sommet d'une montagne en pratiquant l'ascèse et en renonçant à tout. Au contraire, il s'agit plutôt d'**effectuer toutes ses tâches quotidiennes, des plus ingrates aux plus gratifiantes, avec joie, respect et gratitude.** Les grands maîtres ont atteint cette conscience, et rien pour eux n'est un fardeau. Quelle est la pire tâche que vous aurez à accomplir aujourd'hui? Trouvez-lui un seul point positif et concentrez-vous sur ce point. Exécutez-la alors avec le plus de joie et de conscience possible. Soyez persévérant, ça vaut le coup!

Le véritable Maître ne se préoccupe jamais du résultat de ses actions; sinon il serait toujours en attente vis-à-vis de ses disciples et il chercherait constamment à savoir ce qu'ils ont fait de bien à partir de ses enseignements. Aussi, devrait-on entreprendre toute relation d'aide en donnant aux autres le meilleur de soi-même sans attendre quoi que ce soit en retour. Souvent, on donne des perles à certaines personnes en croyant et en espérant fortement qu'elles feront fructifier leur trésor, de la façon et à la vitesse qu'«on» le voudrait. Parfois, la semence germera très longtemps après sa mise en terre; mais son fruit sera alors plus beau et plus savoureux que si elle avait germé trop vite. **Donner sans rien attendre en retour, sans même espérer quelque résultat que ce soit,** voilà ce qu'est la véritable action désintéressée. Pensez-y la prochaine fois qu'on vous demandera votre aide. Vous grandirez alors autant que la personne qui se trouve devant vous.

On entend souvent des gens avancer que l'Être suprême est injuste, car il permet que la guerre, la famine et la détresse s'abattent sur certains coins de notre planète. Mais ce que l'on oublie, c'est que ce n'est pas Lui qui nous envoie ces fléaux. **Ce sont les hommes eux-mêmes qui, par leur façon de penser et d'agir, se créent leurs propres malheurs.** Dieu sait bien que l'homme est là pour apprendre et pour évoluer, et qu'il a la possibilité de le faire, soit dans la souffrance, soit dans la joie de vivre. Il leur laisse le choix, c'est tout! C'est ça, le libre arbitre! Si les humains décident de se taper dessus, d'entretenir dans leur tête des pensées de pauvreté, de médiocrité ou de violence, c'est bien leur droit. L'Être suprême n'est responsable de rien; tout est entre les mains de l'homme lui-même. Nous avons tous un cheminement à suivre, et le résultat visé sera toujours le même, qu'il soit atteint après de nombreuses années ou seulement après quelques semaines, qu'on y soit parvenu dans la sérénité ou dans le malheur. C'est peut-être ça, la véritable justice, celle qui remet notre sort entre nos propres mains.

La meilleure façon de contrer l'ennui est de goûter intensément chaque instant qui passe, en s'en imprégnant entièrement. Quand on s'ennuie de quelqu'un ou de quelque chose, c'est qu'une partie de nous-même se trouve ailleurs, près d'un être cher, d'un objet qui nous est précieux ou d'une situation particulière auxquels on voudrait être de nouveau lié. Sachant cela, il nous sera plus facile, dès que se manifestera le moindre signe de tristesse, de **revenir immédiatement dans le moment présent, en se laissant pénétrer de chaque seconde de vie qui passe.** Le cafard n'aura alors plus sa place ni sa raison d'être car il n'appartient qu'au passé, au futur ou à l'ailleurs. La prochaine fois que vous sentirez la nostalgie monter en vous, ne la laissez pas vous entraîner trop loin. Ramenez-vous au centre de vous-même et savourez tout simplement l'instant présent et le bonheur d'être en vie.

Si vous avez tendance à froncer les sourcils chaque fois que vous entendez dire que le hasard n'existe pas, remplacez plutôt le terme de «hasard» par celui de «coïncidence». Tout prendra alors une autre connotation, plus acceptable à votre entendement. Chaque événement imprévisible et fortuit sera alors perçu comme une coïncidence admirablement orchestrée par l'Univers. Elle aura pour effet de provoquer des situations utiles ou nécessaires à l'évolution de toutes les personnes concernées. **Il n'y aurait donc aucune situation inutile dans tout le cosmos.** Dieu est parfait, et Son organisation se doit de l'être également. Avec de la bonne volonté et un peu de recul, on peut aisément voir les liens qui se sont tissés au fil des «coïncidences» de notre vie. Prenez quelques instants pour constater l'évolution que certaines situations qui vous apparaissaient, au premier abord, négatives vous ont permis de faire.

On a souvent la mauvaise habitude de se focaliser sur les événements négatifs qui surviennent sur la terre. Une guerre éclate, et toute l'attention du monde se porte, durant des semaines, sur cette guerre, à croire que la planète en entier vit un conflit. Un jour que je m'abrutissais à suivre en direct à la télévision la guerre du golfe Persique, me rongeant les ongles et m'apitoyant sur le sort des pauvres soldats, mon vieux sage me dit avec un certain humour: «Laisse donc les loups se dévorer entre eux. Pendant qu'ils se battent, concentre tes énergies à t'épanouir de ton côté. Un jour, lorsque le feu des interminables batailles sera enfin éteint et que les combattants épuisés rentreront chez eux, tu pourras prendre la relève et bâtir le futur sur du positif et non sur des ruines encore fumantes.» Je compris alors que **chaque événement tragique projette une ombre dont il faut sortir à tout prix,** car à côté de cette ombre se trouvera toujours un rayon de soleil sous lequel on pourra se réchauffer si on veut continuer. Si une situation négative laisse encore son obscurité vous envelopper, essayez à tout prix de vous en détacher afin de reprendre contact avec la lumière qui se trouve à quelques pas de vous.

Le chien est le parfait exemple de ce à quoi peut ressembler le véritable amour désintéressé. Que son maître soit gros ou petit, beau ou laid, malade, infirme, drogué ou ivrogne, ou encore qu'il soit un saint, le meilleur ami de l'homme lui sera toujours fidèle; il ne portera jamais de jugement sur sa façon d'être. C'est bien différent dans les relations que la plupart d'entre nous entretiennent. En effet, il suffit qu'un de nos amis ne soit plus en accord avec nos croyances ou ne corresponde plus à nos attentes pour qu'on s'en détourne ou qu'on le juge selon nos propres critères, et souvent très sévèrement. **Méditez quelques instants sur la fidélité du chien et sur sa sagesse,** et cherchez comment vous pourriez appliquer ces qualités à vos relations avec les autres. La prochaine fois que votre comportement changera envers une personne, demandez-vous si vous ne pourriez pas agir plutôt comme son chien le ferait en pareille circonstance et accepter cette personne comme elle est! (Wouf! Wouf!...)

Afin d'éviter certaines déceptions profondes et se protéger des peurs et des tensions qu'elles engendrent, il faut toujours avoir à sa disposition des solutions de rechange. Pour ce faire, il sera très utile de **prévoir ce que l'on ferait si tout ne marchait pas comme on le voulait.** Par exemple, s'il se dessine devant vous un événement susceptible de vous donner de grandes joies, il serait salutaire d'envisager également l'éventualité que ça ne tourne pas exactement comme prévu. Ainsi, vos attentes seront beaucoup moins grandes vis-à-vis des résultats escomptés. Si vous avez beaucoup d'argent, faites-vous un scénario de ce que serait votre façon de réagir positivement si vous deviez un jour tout perdre. Si vous attendez une promotion, comment pourriez-vous contrer la déception qui vous envahira si vous ne l'aviez pas? En agissant ainsi, vous n'attirerez aucunement l'événement contraire. Cela vous permettra plutôt d'éliminer les tensions engendrées par votre peur inconsciente d'échouer. Être positif, ce n'est pas ignorer les situations négatives, mais plutôt les reconnaître comme étant réelles ou possibles, pour ensuite cesser de s'y attarder inutilement; on concentre alors toute son attention sur l'objectif à atteindre.

Plus on devient sage, plus on se voit confronté à ses faiblesses, et plus on doit apprendre à les accepter. En fait, celles-ci deviennent parfois tellement évidentes et gigantesques à nos yeux qu'il est souvent difficile de s'en détacher. Elles sont justement là pour nous remettre les deux pieds sur terre et nous empêcher de nous considérer un peu trop... comme un sage! Lorsqu'on n'est pas «conscient» de la grandeur d'âme qui sommeille en nous et que l'on pourrait l'éveiller en développant notre spiritualité, on ne voit tout simplement pas ses faiblesses. Mais quand on commence à travailler sur soi, ces faiblesses font alors drôlement contraste avec les aspirations d'amour et d'harmonie que l'on nourrit. Pour dédramatiser tout ça, **il faut simplement accepter que l'on ne soit pas parfait** et se contenter d'offrir aux autres le meilleur de soi-même, c'est tout. Et le fait d'accepter ses petits défauts ne nous permet-il pas de devenir beaucoup plus tolérant face à ceux des autres?

Une belle façon de commencer un repas est d'**harmoniser avec nos vibrations la nourriture qui est devant nous.** Cette pratique a entre autres pour effet d'améliorer de beaucoup notre digestion. Il suffit simplement de placer (discrètement) ses mains de chaque côté de son assiette et de dire ou de penser: «J'harmonise cette nourriture avec mes vibrations; je transforme en amour toute la disharmonie et la violence qui peuvent s'y trouver.» Ainsi, si, par exemple, vous mangez de la viande, vous n'ingérerez pas tout le stress qu'a accumulé l'animal lors de son élevage et de son abattage, car vous l'aurez transformé. Une autre chose, très agréable à faire, qui apporte des résultats inimaginables, est de remercier, par la même occasion, tous les êtres qui ont permis à ces aliments de venir jusqu'à notre assiette. Par cette pensée, on envoie des vibrations de gratitude à toutes les personnes qui ont contribué à notre repas: celles qui ont planté les graines dont sont issus les légumes qui sont devant nous, celles qui ont emballé les aliments que nous allons consommer, celles qui les ont cuisinés pour nous, etc. C'est là une excellente façon de se sentir beaucoup moins seul et de prendre conscience de la richesse et de la multiplicité des liens qui unissent des humains ne se connaissant même pas.

Il est très important de préparer les repas avec amour. Comme dans le cas de l'être humain, tout ce qui vit dans la nature possède également des corps subtils, invisibles à l'œil humain, mais très réels quand même. Ce sont ces corps que l'on «ressent» lorsqu'on rencontre une personne heureuse et qu'on a soudainement envie de rire avec elle ou de rester en sa compagnie, même si on ne la connaît pas. **L'état d'âme dans lequel on se trouve se transfère automatiquement dans ce que l'on fait.** Ainsi, si vous préparez une salade avec joie et en chantant, les personnes qui la mangeront la trouveront succulente et auront peut-être également le goût de chanter. De la même façon, si, après une journée harassante, vous vous acharnez à préparer le repas sans vous être préalablement reposé et mis dans de meilleures dispositions, les personnes qui le consommeront ressentiront inconsciemment votre tristesse et laisseront probablement leur assiette à moitié pleine. Faites-en l'expérience lors de votre prochain repas. Vous serez fort étonné... Vous appliquerez ensuite le principe que je viens de vous expliquer dans tous vos travaux.

Les paradis artificiels dans lesquels on se réfugie (drogue, boisson, médicaments, etc.) sont autant de palliatifs à notre manque de conscience divine. L'être qui vit dans l'état d'âme supérieur qui lui apporte cette conscience possède en lui tout ce qu'il faut pour évoluer dans les régions élevées de l'âme. Les drogues fortes, à l'opposé, entraînent ceux qui les consomment dans des régions très basses, qui n'appartiennent pas aux plans matériels — mais qui n'en sont pas moins réels pour autant — que l'on appelle le bas-astral. Quand on a atteint un certain niveau de conscience divine et qu'on accepte que tout ce qui arrive a été prévu dans le plan divin, qu'il s'agit là d'une échelle grâce à laquelle on peut s'élever, **on n'a plus besoin de s'éloigner de la réalité pour en chasser momentanément les côtés négatifs.** On s'en sert au contraire pour évoluer. On se sent bien dans toute situation, bonne ou mauvaise, on s'adapte à tout, on sait rire de bon cœur de tout, même de soi, car on sait que la vie est un grand jeu et, dans un jeu, on se doit de... jouer!

L'utilisation d'une action ferme, qui peut être même parfois considérée comme une certaine forme de violence (les saintes colères, vous vous souvenez?), est souvent nécessaire dans le cas où les bons arguments n'ont aucun effet. Selon un vieux dicton, il faut utiliser **une main de fer dans un gant de velours.** Quoi de plus vrai! Certains grands maîtres, même au niveau où ils sont rendus, doivent parfois employer des méthodes directes et vigoureuses pour accélérer le processus de compréhension chez leurs disciples. Souvent, quand on vit dans la violence, on s'attend à ce que tout changement majeur de notre vie suive également ce processus. Si la méthode est trop douce, on est parfois persuadé que les effets seront minces et de courte durée. Il faut évidemment bien s'entendre sur le sens de la violence dont il est ici question. Elle doit être modérée et dirigée, n'être en aucun cas émotionnelle ou personnelle, et on doit n'y avoir recours que dans des cas extrêmes.

Durant une conversation, le véritable sage ne tentera jamais de démolir l'argument de l'autre, mais il s'attachera plutôt à démontrer la pertinence de son point de vue, sans décrier l'opinion adverse. Certains d'entre nous, des politiciens entre autres, perdent tellement d'énergie à s'opposer à tout! Lorsqu'on dénigre, on reste passif. On fait tout simplement un constat d'échec qui ne mène à rien. Bien sûr, il peut parfois sembler évident qu'une personne n'a pas raison. Mais il ne faut pas la détruire pour autant. **En tout énoncé se cache une vérité, si petite ou subtile soit-elle.** Il s'agit d'avoir l'humilité, et parfois la patience, de la trouver. Donc, au lieu de chasser trop rapidement, du revers de la main, ce qui vous semble injuste, tentez plutôt d'en extirper les éléments qui peuvent être positifs. Exprimez tout simplement ce que vous «croyez» être vrai, en ayant en tête que vous non plus ne détenez pas nécessairement la vérité... Alors, de deux voies apparemment opposées pourra en naître une troisième qui, peut-être cette fois, sera la bonne. Êtes-vous prêt à développer cette maturité dans vos conflits avec les autres?

Il faut souffrir pour être belle, disaient nos mères. Influencés entre autres par cette affirmation si bien ancrée dans nos mœurs, nous avons accepté, il y a des décennies, que pour se bâtir une beauté à l'intérieur comme à l'extérieur de nous, il fallait passer nécessairement par la souffrance. Eh bien, non! **Il n'est pas obligatoire de souffrir pour avancer sur la voie de la sagesse** et de la sérénité. Au contraire, si on est attentif au moindre message que peuvent nous livrer nos émotions, les événements marquants de notre vie ou les commentaires de nos proches, nous pourrons corriger immédiatement nos défauts avant que ceux-ci nous entraînent vers la souffrance, qui serait alors pour nous la seule et ultime façon de comprendre. Comprenons bien qu'il n'est pas nécessaire de se rendre jusqu'au cancer pour apprendre à bien se nourrir, ni sombrer dans le *burn-out* pour prendre le temps de vivre. Toute maladie grave est précédée d'un certain nombre d'avertissements, toujours de plus en plus directs. Il faut s'efforcer de les détecter à temps. Prenez quelques minutes pour essayer de voir s'il n'y a pas un mal qui vous assaille régulièrement. Quel message véhicule-t-il? Est-ce que la souffrance est pour vous le seul moyen d'évoluer?

Travailler dans le plaisir et la joie est l'une des plus grandes marques d'évolution, presque un tout en soi. Quelle que soit la tâche que l'on effectue, on peut toujours la faire avec plaisir, même si, parfois, elle nous paraît plus routinière qu'évolutive. Une histoire très ancienne raconte qu'un disciple de longue date avait demandé à son maître de lui assigner une dernière tâche avant qu'il s'en aille à son tour enseigner de par le monde. Le Maître le chargea alors de transporter un tas de fumier d'un endroit à un autre, durant des jours et des jours. Le disciple obéissant s'acquitta de son travail, mais avec rage et dédain, soutenant, au-dedans de lui-même, qu'il méritait un bien meilleur sort. Mais il s'encourageait en se disant qu'il s'agissait là de sa dernière besogne avant de se consacrer au rôle divin de messager qui l'attendait. Lorsqu'il revint finalement vers son maître, celui-ci, voyant son état d'âme, lui dit qu'il n'avait rien compris de toutes ses années d'apprentissage et qu'il devrait recommencer tout son cheminement spirituel. Ce disciple n'avait pas saisi que toute chose, toute expérience et tout travail doit être effectué avec la même conscience de Dieu. **L'acte le plus important est toujours celui que l'on fait à l'instant même.**

Aimer, c'est accepter de se faire déranger! C'est aimer tellement que l'on en vienne à s'oublier momentanément pour s'offrir entièrement à l'autre. On est toujours prêt à donner son amour... quand ça fait notre affaire et quand on est disponible. Mais aussitôt que cela bouscule un peu nos prévisions... ou nos vieilles habitudes, alors là, on a souvent tendance à se défiler en douce. Une façon de montrer de l'amour véritable est de chérir son enfant, même s'il pleure depuis des heures; c'est répondre avec la même attention à chacune de ses innombrables questions; c'est d'accepter de se faire réveiller par un ami qui a besoin de nous en plein milieu de la nuit, etc. Les grands sages ont cette grandeur d'âme qui les rend toujours prêts à répondre à leurs disciples, même s'ils auraient plutôt envie de se retrouver seuls à méditer au sommet d'une montagne. Et vous, acceptez-vous facilement qu'on vous dérange? Devenez conscient que **la disponibilité est une qualité exceptionnelle, mais qu'il ne faut jamais s'oublier pour autant!** L'équilibre en tout fait loi! L'amour des autres ne peut exister sans l'amour de soi.

Quand on est engagé dans une démarche spirituelle, on s'aperçoit souvent que les raisons pour lesquelles on se retrouve à un endroit donné ne sont pas celles que l'on supposait. Combien de fois nous est-il arrivé de rencontrer une personne pour des motifs bien précis et de voir, après quelques minutes, la conversation prendre une tout autre direction? Vous, pour qui le hasard n'existe pas, vous êtes-vous déjà retrouvé à un certain endroit avec une optique bien définie, pour vous rendre ensuite compte que ce que vous aviez à y faire était d'un tout autre ordre? Quand on est conscient qu'**en réalité on ne dirige pratiquement rien dans notre vie,** on apprend vite à s'abandonner à cette Énergie qui nous guide et à suivre son cours sans trop se poser de questions. On est toujours prêt à lâcher prise si on en ressent profondément la nécessité. On peut aussi changer de cap, en se laissant aller au gré du vent. Petit à petit, laissez-vous entraîner: d'abord quelques minutes à la fois, puis quelques heures, quelques jours, quelques semaines même; vivez votre vie au gré du vent qui souffle. Remarquez alors les merveilleuses personnes qui seront placées sur votre route et les situations évolutives dans lesquelles vous serez engagé malgré vous.

Plus on avance sur le chemin de la véritable spiritualité — qui ne passe que par l'âme et le cœur — plus on se rend compte que ce libre arbitre que l'homme se targue tant de posséder n'est en réalité qu'une illusion nécessaire à la satisfaction de son ego. Si notre âme a un chemin à parcourir, disons, par exemple, d'un point d'évolution A à un point B, il est sûr et certain qu'elle le suivra coûte que coûte. À ce niveau, le choix n'existe pas. Par contre, les moyens d'y parvenir pourront différer et seront alors reliés au libre arbitre de chacun. Pour l'âme, tout n'est qu'une question de temps (lequel, pour elle, n'existe pas de toute façon). Le résultat est toujours le même, peu importe la façon et le moment où il est atteint. Quand on vit pleinement dans la conscience divine, **on laisse venir à nous les événements que nous envoie notre âme pour avancer,** pour nous rendre à l'endroit où elle veut que nous allions. Le fait de s'opposer à ces choix ou chemins de vie — et c'est bien compréhensible de ne pas toujours être d'accord — représente simplement la réaction de notre ego; il met le pied sur le frein, par peur de souffrir ou d'être dérangé dans son bien-être. Si vous vous opposez trop souvent à ce que vous propose votre âme, cela ne fera que retarder votre arrivée au but et, de toute façon, vous aurez à recommencer plus tard. Dans l'Univers, le temps n'a aucune importance; seule l'évolution est réelle.

On dit souvent qu'en dehors de notre univers matériel, le temps n'existe pas; que, dans le monde de l'âme, le passé, le présent et le futur se confondent, se vivent dans le même temps. Cette notion est pratiquement impossible à comprendre si on essaie de la décortiquer avec notre mental. Il faut dès lors s'élever au-dessus de la compréhension que peut atteindre le cerveau humain pour arriver à saisir le véritable sens de l'espace infini, comme celui du temps infini. On pourrait résumer ce concept en disant que **le temps n'est qu'une illusion nécessaire à notre vision limitative de la réalité** et que l'on peut agir positivement ou négativement sur notre futur, et même sur notre passé, par le biais de chacune de nos décisions. Ainsi, le couple heureux que je formerai dans vingt ans sera le résultat des décisions et des attitudes que j'aurai adoptées avec ma compagne d'ici là. Richard Bach, dans son livre intitulé *Un* décrit très bien ce phénomène de l'interdépendance entre les différents niveaux de temps. Donc, sur le plan de l'ego, il n'est rien de tracé pour nous que nous ne puissions changer maintenant par notre manière d'agir et de penser. De là la si grande importance de vivre intensément le moment présent et d'aspirer à un bien-être immédiat pour que se façonne automatiquement pour nous un futur merveilleux.

La méditation et la prière, quoique aussi profitables l'une que l'autre, sont quand même très différentes. Quand on prie, on se tourne vers un Dieu que l'on considère souvent comme se trouvant à l'extérieur de nous; on Lui parle, on Lui fait des demandes, on Le louange, etc. Cette pratique est excellente parce que de notre aura émanent alors de longs fils d'énergie se rendant directement à Dieu et se prolongeant vers les gens pour lesquels on prie. Par contre, **lorsqu'on médite, on ne parle plus, on écoute!** Après avoir fait le vide, on se coupe de l'extérieur pour se concentrer sur cette partie divine qui se trouve à l'intérieur de nous et pour entendre ce vieux sage qui attend que nous nous taisions pour prendre la parole. Puis, on est attentif aux flots de sagesse qu'il nous envoie et que l'on veut bien capter (car on n'est pas toujours d'accord avec ses messages). La méditation et la prière peuvent donc former un couple bien assorti! Connaissant leurs forces respectives, il nous sera plus facile d'en extirper les plus beaux joyaux et de les utiliser en pleine connaissance de cause, multipliant ainsi leurs effets bénéfiques.

Il existe de nombreuses façons de se rajeunir, par l'extérieur ou par l'intérieur. Pour paraître plus jeune, on se teint les cheveux, on modifie les traits de son visage, on s'habille de manière plus élégante. Toutes ces pratiques peuvent être très bonnes en soi, mais ce que l'on oublie, c'est que, si on ne rajeunit pas sa manière de penser, tous les artifices dont on se servira ne réussiront qu'à masquer la réalité, soit un cœur vieux et aigri. Si vous renouvelez plutôt votre façon de penser et **laissez s'épanouir la jeunesse qui sommeille en vous en éveillant votre soif de vivre et de découvrir de nouvelles choses,** le processus de rajeunissement s'enclenchera vraiment; votre corps physique suivra et reprendra à votre insu son air de jeunesse. Vos cheveux blancs deviendront alors les magnifiques fleurons de l'expérience qui orneront le dessus de votre tête. Et les gens les verront ainsi, à travers vos yeux éclatants, qui sont les fenêtres de votre âme, ne l'oubliez pas.

Ce que l'on ne dit pas s'inscrit, raconte le proverbe. Tout ce que l'on garde en dedans de soi, sans oser l'exprimer, finit par devenir frustration. Si on entretient celle-ci trop longtemps, elle s'inscrit de plus en plus profondément dans chacune de nos cellules. À la première occasion, elle pourra ressurgir en colères, en souffrances ou en maladies. Cela ne veut pas dire qu'il faille passer ses journées à crier ses doléances à tout le monde; il faut plutôt les vivre et les accepter comme telles, en les considérant comme passagères. Une frustration ne s'imprime pas en nous du jour au lendemain, mais seulement si on n'a jamais su la reconnaître et l'accepter. Si on prend l'habitude d'**exprimer clairement ce que l'on ressent, avec le plus de détachement et d'objectivité possible,** si l'on accepte nos faiblesses et celles des autres, on ne pourra rien accumuler qui puisse pourrir à l'intérieur de nous et nous détruire à petit feu. Prenez quelques instants pour déterrer en vous une frustration qui vous ronge depuis longtemps. Avez-vous le courage de la reconnaître et de l'exprimer aujourd'hui, sans blesser ni accuser personne?

Certains chercheurs de vérité essaient de mettre au point, à l'aide de métho- des souvent ardues et parfois ascétiques, diverses techniques de clairvoyance. J'ai moi-même passé des années à essayer de provoquer l'ouver- ture de mon troisième œil, de ma troisième oreille, etc. Mais un jour, alors que j'étais particulièrement découragé face à mes efforts infructueux, mon vieux sage me transmit par la bouche d'une de mes amies qu'**il était peut-être plus important de «voir clair» que d'être clairvoyant.** Cette révélation changea complètement ma vision de la clair- voyance, et je me contentai alors d'être à l'écoute des autres. Développer ses facultés extrasensorielles sans avoir auparavant appris à s'en servir pourrait se comparer au fait de posséder un avion superso- nique sans avoir d'abord pris la précaution d'ap- prendre à le piloter. Beaucoup de clairvoyants ne voient pas clair, car leur degré de compréhension et leur vie désordonnée les mettent en contact avec des entités astrales de bas niveau, et ce sont leurs messages qu'ils véhiculent alors. Soyez donc très sélectif quand vous avec besoin d'aide. Recherchez par-dessus tout les gens qui sont réellement bien dans leur peau, qui sont eux-mêmes des lumières et qui voient vraiment «clair».

On a tous connu, à un moment ou un autre de notre vie, de grandes ouvertures de conscience, des moments où l'on était si bien en dedans que tout devenait instantanément très serein en dehors. **On pourrait dès lors qualifier ces instants de magiques, d'inspirations divines.** Il est important de savoir les reconnaître pour en capter toutes les subtilités afin de pouvoir les transmettre aux personnes qui sont encore trop mêlées pour les ressentir elles-mêmes. Les grands poètes, les peintres et les écrivains inspirés sont constamment en train d'exprimer par leurs œuvres ces moments d'éternité qu'ils ressentent souvent sans même le savoir. Quand on prend contact avec de tels artistes ou avec leurs créations, on touche à notre tour à ces dimensions dans lesquelles ils baignent lorsqu'ils créent. Avez-vous déjà ressenti une telle ouverture en vous? Qu'est-ce qui l'a provoquée? Demandez à vos guides de vous éclairer à ce sujet, de vous faire vivre aujourd'hui même un de ces instant magiques. Sachez goûter les beautés qui vous entourent.

Il n'y a qu'une seule vérité qui soit commune à tous, et c'est l'Amour. On pourrait la visualiser sous la forme d'une superbe montagne représentant l'Univers et ses composantes avec, au sommet, l'amour véritable dans toute sa splendeur. Cette montagne est parcourue de milliers de sentiers qui mènent tous vers sa crête. Certains sont sinueux et s'entrecroisent à diverses reprises: ce sont les chemins des différentes religions. **Leur but est le même, mais les façons d'y parvenir diffèrent.** Toutes ces religions ont comme objectif de mener leurs disciples au même endroit. Il faut donc toutes les respecter. Certains sentiers montent tout droit, sans présenter de détours inutiles ni d'aires de repos. Ils sont souvent ardus, et seuls les empruntent les véritables chercheurs de vérité. Ceux-ci s'abandonnent à la vie et ne visent qu'une chose: atteindre le sommet coûte que coûte, et dans les plus brefs délais. Ils ne prétendent pas posséder la vérité mais ils savent, par contre, où la trouver! Si vous connaissez une de ces personnes, n'hésitez pas à emprunter sa route. Suivez ses pas et demandez-lui de vous tenir la main. Elle vous guidera pour vous empêcher de prendre des détours inutiles.

La clef du succès dans une relation de couple, comme dans les affaires, d'ailleurs, est l'engagement. Deux êtres marchant dans le même sentier et résolus à tout faire pour aller jusqu'au bout pourront affronter avec courage et maturité toutes les tempêtes, car ils seront constamment soutenus par un but commun. Ce dernier constitue une bouée de sauvetage pour bien des couples qui s'enlisent dans la monotonie. Si un des partenaires ne s'est pas réellement engagé, il trouvera tentant et tellement facile de se retirer de la course à n'importe quel moment, aussitôt qu'un problème surviendra. Combien de gens amorcent la vie commune en ayant en tête l'idée que si ça ne marche pas, ils n'auront qu'à se séparer? **L'engagement véritable dans une cause commune est un gage de fidélité et de succès.** Quel est votre degré d'engagement dans vos relations, de quelque nature quelles soient? Êtes-vous prêt à aller de l'avant, coûte que coûte? Auriez-vous l'humilité de modifier certains principes de vie auxquels vous tenez pour permettre à une relation de s'affermir et d'atteindre de nouveaux sommets?

Comme nous ne sommes pas la seule personne à vivre sur la terre, il faut s'attendre à devoir parfois faire certains compromis concernant tout ce qui entre en corrélation avec les autres. **On ne peut pas vivre sa vie uniquement à sa façon et selon ses propres critères** si on est le moindrement en contact avec les autres. Tous les êtres de notre entourage ont leurs priorités et leurs façons de faire, qui sont différentes des nôtres, mais tout aussi valables. Si on reste bien assis sur ses convictions, réfractaire à l'idée de faire quelque concession que ce soit, il est assuré que l'on se retrouvera très rapidement seul dans sa tour d'ivoire. Souvent, ce sont les personnes qui, après des années de servitude, apprennent à s'affirmer qui réagissent de cette façon rigide, se cantonnant complètement à l'autre extrême de ce qu'elles étaient. Un des secrets de la communication harmonieuse entre les êtres est de développer cet équilibre, cette modération, même dans ses plus ardents désirs d'affirmation. Mais c'est toujours ce fichu orgueil qui nous empêche de faire quelque concession que ce soit. Il y a toujours quelque part un juste milieu, un point commun où toutes les idées peuvent faire bon ménage et fructifier «ensemble».

On a souvent tendance à laisser dépendre notre bonheur de l'amour que les autres peuvent nous porter. S'ils nous aiment, on déborde de joie; s'ils nous critiquent, ne serait-ce que par un commentaire désobligeant, nous voilà découragé et en proie à toutes sortes de peurs, entre autres celle d'être rejeté. **Il faudrait idéalement en venir à être heureux peu importe qu'on nous aime ou non,** qu'on nous louange ou qu'on nous abaisse. Les grands sages ont atteint ce degré d'amour de soi qui n'est en rien relié à la perception que les autres ont d'eux. Ils font ce qu'ils ont à faire, du mieux qu'ils le peuvent, et ils remettent le reste entre les mains de Dieu. Il n'y a d'important que le moment présent. Et vous, dépendez-vous de l'amour des autres? Si oui, tentez de vous apprécier un peu plus chaque jour. Quand vous vous aimerez suffisamment, vous n'aurez plus besoin des autres pour combler vos vides.

Il arrive souvent qu'on prie pour quelqu'un dans le dessein de le changer et de le ramener sur le chemin que l'on croit être le meilleur pour lui. Mais qui sommes-nous pour décider de ce qui est bon pour les autres? **Seule l'âme connaît les véritables raisons des agissements du corps** qu'elle a décidé d'habiter. Ce qui ne veut pas dire qu'il faille cesser de prier pour les autres. Au contraire, il faut plutôt le faire en demandant que leur arrive ce qui est le meilleur pour eux, sans nécessairement spécifier le chemin à prendre. On peut, par exemple, prier pour qu'une personne n'ait pas à souffrir pendant des années avant de comprendre le message que la maladie veut lui transmettre. Exiger que la maladie disparaisse sans avoir livré son message n'est pas de notre ressort. Ce dont le malade a le plus besoin, c'est de compréhension. Prions pour qu'il l'obtienne, c'est tout. Soyons assez humble pour laisser la vie suivre son cours, sans agir comme si nous en étions roi et maître.

Faire un pas de plus en affaires, en amour, en tout, voilà une belle façon de grandir tout en répandant de l'amour et de la satisfaction autour de soi. Les compagnies les plus prospères sont celles qui offrent à leurs clients un peu plus que leurs compétiteurs. Dans la même optique, les couples qui vont bien sont ceux à l'intérieur desquels les deux partenaires font toujours un effort supplémentaire pour se rendre aimables et disponibles envers l'autre: une fleur, un petit mot laissé sur la table de cuisine, une marque d'affection inattendue, etc. Dans vos relations avec les autres, même si vous considérez que tout a été fait, demandez-vous, avant de passer à autre chose, ce que vous pourriez faire de plus pour vous démarquer de la masse... **Offrez un peu plus, et vous recevrez beaucoup plus!** La vie fera de même avec vous; elle vous donnera toujours un supplément, aujourd'hui ou plus tard, au moment où vous vous y attendrez le moins.

Dans nos relations avec les autres, on a souvent tendance à rendre ces derniers responsables de tout ce qui nous arrive. En amour — dans les cas de divorce en particulier —, en affaires, à quelque niveau que ce soit, toutes les personnes concernées ont leur part de responsabilité. Elles auraient donc grandement intérêt à faire chacune leur examen de conscience, avec humilité et détachement, avant d'imputer la responsabilité d'une situation aux autres. Une façon de faire cet examen de conscience consiste à se visualiser derrière une caméra, en train de filmer la scène qui a mené au conflit en question. Regardez-vous comme s'il s'agissait d'une personne que vous ne connaissez pas. Ne portez pas de jugement sur ce que vous voyez dans le viseur de votre caméra. **Constatez seulement ce qui se passe sous vos yeux, puis efforcez-vous de comprendre pourquoi chaque personnage agit ainsi.** Finalement, acceptez votre part de responsabilité et balancez au loin toute culpabilité s'y rattachant. Si vous avez réussi cet exercice, vous constaterez que le drame, c'est vous qui vous l'êtes bâti de toutes pièces et que la situation n'était pas si grave que ça. Le pardon ne sera que la conséquence logique de cette prise de conscience.

Chacun de nous possède l'énergie nécessaire pour passer à travers tout ce qui lui arrive. Parfois, devant une situation dramatique survenant dans la vie de quelqu'un, on se demande comment cette personne va faire pour s'en sortir. Mais plus le temps passe et plus on s'aperçoit que, presque miraculeusement, cette personne s'adapte à la situation d'une façon extraordinaire. Elle semble même en tirer une énergie vitale toute spéciale qui l'amène à faire de précieuses prises de conscience. En fait, **c'est souvent nous qui souffrons plus qu'elle!** Au moment où la catastrophe se présente, il est évident que ce sont la panique et les émotions qui mènent le bal. Mais après un certain temps, quand la poussière est retombée, la personne reçoit toujours de l'Univers l'énergie dont elle a besoin pour s'en sortir. À elle de la recueillir et de s'en servir à bon escient. Sur ce dernier point, l'Univers n'a pas de pouvoir! Faites confiance à la Vie. Elle ne vous laissera jamais à court de moyens! Apprenez plutôt à les reconnaître et les utiliser à bon escient.

On dit souvent que les contraires s'attirent, mais il serait peut-être plus juste de parler plutôt de compléments. Tout, dans l'Univers, est composé d'un pôle positif masculin (yang) et d'un pôle négatif féminin (yin). Lorsqu'ils sont réunis, ils créent la vie. Il est dès lors évident que ces deux principes ne peuvent être en parfaite harmonie l'un sans l'autre. C'est de cette recherche de complémentarité dont on parle quand on dit que les contraires s'attirent. Ainsi, on peut rechercher un partenaire aimant les mêmes choses que nous mais qui les fait de façon différente. On peut aussi trouver un associé, un collègue, un ami aux idées divergentes des nôtres, qui nous aidera cependant à atteindre un certain équilibre que l'on ne pourrait acquérir autrement. **Il faut donc profiter des disparités qui nous distinguent au lieu de les combattre** et de s'en servir pour bâtir des murs qui ne peuvent que nous séparer davantage.

Quand on ne regarde que le profil psycho-logique d'un être humain, sans faire de lien avec son esprit ou avec son âme, c'est comme si on regardait un beau pay-sage... avec un œil fermé. On verrait, bien sûr, sa beauté, mais pas dans toute sa splendeur. La psy-chologie est très utile pour comprendre les com-portements humains mais elle doit pouvoir dépasser les limites de ses propres connaissances si elle veut éviter de stagner. Toute science se doit d'évoluer, et ce n'est qu'en ouvrant ses portes à de nouvelles théories qu'elle pourra prendre de l'amplitude. **Quand on croit détenir la vérité absolue, on n'a alors aucune chance d'aller plus loin.** C'est en se remettant constamment en question qu'on peut se diriger vers de nouvelles découver-tes. Si Galilée n'avait jamais osé regarder au-delà de ses croyances et prétendre que la Terre était ronde, comment la science aurait-elle pu le découvrir? Ne craignez jamais les nouvelles idées. Analysez-les plu-tôt en manifestant de l'ouverture d'esprit et en vous disant: «Pourquoi pas?» Ainsi, vous ne fermerez ja-mais de portes et aurez toujours la possibilité d'al-ler de l'avant.

Voulez-vous savoir si une chose est bonne ou non pour vous? C'est facile. Prenez quelques instants de pause et visualisez-vous en contact avec cette chose. Observez votre réaction, votre «senti». Si vous sentez un grand «Wow!» spontané monter au-dedans de vous, il y a de grandes chances que ce soit ce qu'il vous faut dans le moment présent. Si c'est le contraire qui se produit et que ça vous embrouille, c'est peut-être signe que cette chose n'est pas bonne pour vous en cet instant de votre vie. Si, par exemple, vous envisagez la possibilité de changer d'emploi et que vous avez de la difficulté à prendre votre décision, utilisez ce même procédé en tentant de détecter ce que vous *ressentiriez* au plus profond de vous si vous effectuiez ce nouveau travail. Si ça sourit en dedans, n'hésitez pas! C'est la même chose pour les autres croyances. **Si elles fleurissent en vous quand vous y pensez, c'est qu'elles peuvent probablement vous apporter quelque chose de bon,** sinon mettez-les en veilleuse. Regardez aussi avec quelle facilité pourra se réaliser tel nouveau projet. Plus c'est naturel et facile et plus la situation coule aisément, plus vous pouvez emprunter cette direction avec confiance.

Un grand maître qui m'a inculqué beaucoup de tolérance et de respect pour les autres disait que «tout était correct ainsi», que rien de dramatique n'arrivait dans le monde, que seule notre vision des événements les rendait tragiques. Depuis, je ne vois plus rien du même œil. J'ai fait une formidable prise de conscience à l'effet que tout, dans l'Univers, a sa raison d'être, et que chaque situation entraîne les gens vers quelque chose de plus grand. Cette connaissance me suffit pour vivre pleinement ma vie. Je laisse les autres vivre la leur, à leur rythme et à travers les souffrances qu'ils ont souvent bien voulu s'attirer pour grandir. Ce qui ne veut pas dire qu'il faille tout banaliser et se rire de ceux qui souffrent. Il faut plutôt les supporter du mieux qu'on peut dans leur démarche, mais en ne se détruisant pas soi-même avec eux. Il faut **vivre et laisser vivre,** en respectant le cheminement de chacun.

S'abandonner à la vie ne signifie pas qu'on doit vendre tous ses biens et attendre que celle-ci, miraculeusement, nous transporte dans ses bras ici et là, sans avoir à faire le moindre effort. Bien au contraire, on peut s'abandonner à la vie tout en continuant à faire notre boulot quotidien, en élevant nos enfants du mieux qu'on peut, en ayant une vie sociale tout à fait normale, etc. L'abandon consiste simplement à ouvrir la porte toute grande à la Vie et à lui dire: «Où tu vas, je te suis; où tu m'entraînes, j'irai sans broncher. Je ne me bats plus contre toi et je n'essaie plus de déterminer moi-même la direction à prendre. Tu sais ce qui est bon pour moi, et je me fie entièrement à toi.» Quand on s'abandonne à la Vie, on voit arriver les événements comme un spectateur attentif et on *glisse* tout doucement dedans, avec confiance. **On sait toujours qu'on a la possibilité de sortir vainqueur de toute situation;** il s'agit de réagir positivement. Quand on baigne dans l'abandon, on n'éprouve plus jamais de crainte quant à notre avenir. Essayez d'entretenir cette façon de penser durant quelques jours et voyez défiler les événements devant vous. Remarquez le nombre de tensions que vous éliminerez ainsi.

Au début d'un cheminement spirituel, il arrive que l'on ait l'impression d'avancer à pas de tortue. Mais plus on évolue sur cette voie, plus les choses s'accélèrent, et de façon parfois surprenante. Si on le désire et si on en est profondément convaincu, on franchira les étapes beaucoup plus rapidement et avec une étonnante facilité. Le raffinement de nos corps se fera alors de façon très subtile, et nous en découvrirons vite les effets bénéfiques. **Lorsqu'on s'engage dans un processus de croissance personnelle, on s'attend souvent à des changements radicaux** et rapides, ce qui nous pousse à mettre de la pression et à attendre des résultats immédiats de notre démarche. Ce n'est que plus tard, lorsqu'on aura acquis un peu plus de sagesse, de maturité et d'abandon, que cette attente s'effritera peu à peu, accélérant par le fait même notre vitesse de croisière. Le secret est donc la persévérance et la foi en ses propres possibilités.

La sagesse nous entraîne inexorablement à nous détacher peu à peu de notre personnalité, de notre ego, de cet être qui possède un nom et un prénom, et qu'incarne notre âme en cette vie. Se détacher ne veut pas dire rejeter ou annihiler son ego, comme certains le suggèrent. Cela consisterait plutôt à prendre conscience que l'on n'est pas que cette personnalité, qu'il y a une âme qui nous anime et qu'elle seule survivra après la mort de notre corps et continuera son chemin. Si on apprend à s'élever progressivement au-dessus de notre ego et que l'on puisse, sans émotion, le regarder se débattre du mieux qu'il peut dans cette vie qu'il a choisie, on s'en détachera lentement. Mais on en aura bien soin tout de même, en le respectant et en en reconnaissant l'utilité. **Ce corps, cette personnalité que notre âme a empruntée, est un outil très important dans notre quête d'évolution.** Évitons de le laisser se détériorer inutilement, sous prétexte qu'il doit être détruit. Visons plutôt à faire de cet ego un ami serviable plutôt qu'un maître intraitable...

On se complique souvent la vie pour finir par se rendre compte à quel point elle pourrait être vécue avec simplicité. Notre nature humaine est ainsi faite qu'on se croit obligé de lire des tonnes de livres pour arriver à comprendre que l'essentiel pourrait tenir en quelques lignes. Tout comme moi, bien des personnes ont dû courir de par le monde à la recherche d'un gourou. Finalement, **elles se sont aperçu que leur plus grand maître était tellement proche d'elles qu'elles n'auraient jamais pu imaginer qu'il soit si facile de le contacter** dans leur cœur en y établissant un minimum de silence. On se fixe parfois de nombreuses limites et règles pour constater après coup que celles-ci sont toujours trop étroites lorsqu'on aspire à vivre simplement dans la conscience divine. On veut tout comprendre, et ce désir est très légitime à un certain stade de notre développement. Un jour, après les avoir bien assimilés, vous mettrez peut-être de côté tous vos livres pour vous contenter de seulement «être».

Qu'est-ce qu'une initiation? C'est simplement une porte que l'on est habilité à traverser et au-delà de laquelle on a accès à un niveau de compréhension supérieur. C'est un pas en avant qui, une fois franchi, nous entraînera toujours vers une plus grande sérénité et une plus grande sagesse. Des initiations, on en vit très souvent, la plupart du temps à notre insu. Si vous vivez des moments intenses dans votre vie et que vous vous sentez bousculé, poussé à agir, à faire quelque chose, il est possible que ce soit là le signe d'une initiation. Avant toute initiation, la Vie vous fait passer des «examens» d'entrée, des petites épreuves, pour s'assurer que vous avez bien assimilé toutes vos connaissances, que vous avez retiré le maximum de vos expériences. Si vous échouez, vous recommencez, c'est tout. Par contre, si vous réussissez, vous êtes «promu» à une autre étape. Cette promotion est accompagnée d'un sentiment de grand bien-être intérieur, parfois même de gratifications extérieures. Des prises de conscience majeures se font souvent durant cette période. Sachez seulement que le fait d'être initié à quelque chose de plus beau est une expérience à ne pas prendre à la légère. **Allez jusqu'au bout, ne perdez pas de temps à poireauter sur place.** Prenez maintenant conscience des moments forts de votre vie. Vous ont-ils fait grandir? Seriez-vous en train de passer une initiation à cet instant même?

Quand on est confronté à d'autres religions ou à des façons de penser différentes de la nôtre, on a tendance à ne s'attarder que sur les points qui ne concordent pas avec nos croyances; en d'autres mots, à chercher la bête noire. Les grandes religions prétendent toutes détenir la Vérité, ce qui pousse même leurs dévots à se battre aveuglément pour défendre leurs points de vue respectifs. Il suffit de jeter un simple regard sur les grands principes de ces religions pour constater qu'ils ont bien des points en commun. Seule la façon de les nommer ou de les expliquer est différente. Il serait tellement extraordinaire de pouvoir réunir ces lignes de pensée afin que tous aient désormais la possibilité de puiser à la même source, mais en transportant l'eau chacun à sa façon. **La tolérance commence toujours dans son propre camp, non dans l'autre.** Avez-vous, par instinct, tendance à considérer les adeptes des autres religions comme des «méchants»? Ne serait-il pas plus sage de les voir plutôt comme des voyageurs ayant utilisé un autre moyen de transport que le vôtre, mais se dirigeant vers la même destination?

On est tous le maître de quelqu'un et on a tous également, quelque part, un maître disposé à nous aider si on a l'humilité et le courage de le lui demander. La vie est ainsi faite qu'**on a toujours dans son entourage un être un peu plus «sage» que nous** qui peut, si nous le désirons, nous sauver bien des pas. Là où ça se complique, c'est lorsqu'il faut déterminer les situations où l'on doit se comporter en maître, et celles où on aurait avantage à retourner au rang de disciple. Certains deviennent tellement imbus de leur sagesse qu'ils ne penseront jamais que quelqu'un d'autre puisse les aider. Certains, par contre, se sentent tellement inférieurs par rapport aux autres qu'ils s'imaginent que personne n'aura jamais besoin d'eux. Il n'y a rien ni personne qui soit complètement inutile dans une société. Quels sont donc vos maîtres? Quels sont vos disciples? Prenez conscience du nombre de fois où vous avez aidé des personnes ou que vous les avez conseillées au cours d'une journée, ne serait-ce que par un sourire ou une bonne parole. **Vous avez été important à leurs yeux!**

N'attendez rien de personne, surtout pas des gens que vous aidez. Si vous mettez en terre une semence d'amour et de compréhension, ne perdez pas de temps à la regarder pousser, car vous ne trouverez alors pas suffisamment de temps pour en semer d'autres. Si la graine se met à germer et a besoin d'être arrosée, **soyez disponible; mais attendez qu'on vous fasse signe.** Si vous l'arrosez trop, elle risque de se noyer! Ne vous sentez d'ailleurs jamais responsable de la manière dont pousse cette graine. Ce n'est plus de votre ressort. Une fois que vous l'avez plantée, que le soleil et l'eau lui ont donné vie, son développement ne vous appartient plus. N'oubliez pas que ce n'est pas vous qui lui avez donné la vie; vous n'avez été qu'un simple outil. Semez donc avec amour et désintéressement, en laissant la vie suivre son cours. Prenez simplement conscience des graines que vous avez plantées ces derniers temps ainsi que de votre éventuelle anxiété face au fait qu'elles fructifient le plus tôt possible...

Le sourire est le meilleur antidote à l'ennui. Il constitue également une arme précieuse pour traverser les cœurs les plus durs. Il n'y a personne qui puisse résister à l'énergie dégagée par un sourire vrai et candide. Un sourire honnête efface tout doute et libère toutes les tensions chez la personne qui le reçoit. Et, ce qui est encore plus extraordinaire, c'est que le donneur reçoit autant que le receveur. **Prenez donc l'habitude de faire commencer chaque nouvelle journée par un sourire,** un sourire qui se reflétera simplement dans une glace ou qui accueillera votre partenaire. Entamez toute conversation et toute rencontre par un sourire. Vous verrez les gens changer carrément d'attitude à votre égard. Le sourire minimise les drames, allège les situations les plus sérieuses, remplace admirablement des milliers de paroles inutiles. Pratiquez-vous à vous servir de cette arme irrésistible aujourd'hui même.

Une multitude de guides sont là, dans l'Univers, à notre disposition, prêts à nous procurer leur aide, et ce, sur les plans spirituels autant que matériels. Ne pouvant nous assister contre notre volonté, **ils ne peuvent rien faire pour nous, à moins que nous ne le leur demandions expressément.** Par exemple, si vous entreprenez un travail dans lequel vous devez exceller, demandez qu'un guide vous facilite les choses et vous inspire afin que vous donniez votre meilleur rendement. Si vous devez passer à travers une séparation difficile, sollicitez l'assistance d'un guide qui a déjà vécu cette situation lors d'un de ses passages sur terre et qui a alors réussi à s'en sortir facilement et sans heurts. Nombre de ceux qui agissent comme guides sont des âmes de grande évolution qui ont choisi, pour un certain temps, d'aider les humains à traverser les épreuves qu'ils ont eux-mêmes vécues antérieurement. En les accueillant, on leur permet également de se surpasser et de faire profiter les autres de leurs expériences. Ils évoluent alors autant que nous. Donnons-leur cette chance tout en en profitant nous-même au maximum. Faites un test avec un travail particulier que vous avez à effectuer aujourd'hui. Demandez simplement de l'aide d'en haut et abandonnez-vous à l'énergie qui vous sera alors transmise.

Nous, les humains, voulons parfois tellement aller vite! À peine avons-nous commencé à fréquenter l'école maternelle que nous désirons déjà nous retrouver en un temps record à l'université, et, pourquoi pas? y enseigner. Dans la démarche spirituelle, il y a des étapes à respecter. Comme dans nos écoles, il faut évoluer selon une certaine progression naturelle. On ne peut passer d'un grade à un autre si on n'a pas d'abord réussi ses examens de passage, ces petites initiations que la vie nous envoie pour tester nos connaissances. En suivant le cours normal des choses, on gravit marche après marche et, après un certain nombre d'années, on peut commencer à aider ceux qui sont derrière nous et qui prennent place sur les mêmes bancs d'école que nous avons occupés jadis. **Devenir professeur demande des années d'études et exige que l'on ait expérimenté ce que l'on veut transmettre aux autres;** sinon c'est l'échec. Prenez conscience de votre degré d'évolution. Où vous situez-vous maintenant: à la maternelle, au secondaire ou à l'université? Souvenez-vous que la meilleure façon d'enseigner est d'«être» ce que l'on enseigne!

On est souvent porté à exiger des preuves avant de croire en quelque chose, en spiritualité comme dans bien d'autres domaines plus terre à terre. La science, par exemple, n'avancera jamais une théorie avant que celle-ci ait été formellement confirmée. En spiritualité, c'est tout autre chose. Certaines personnes peuvent avoir cette chance d'obtenir des preuves rapides leur permettant d'enclencher sur-le-champ leur cheminement spirituel. Mais ce n'est, hélas, pas le cas de bien des gens. **Pour la plupart, les preuves ne viennent qu'après avoir acquis la foi,** du moins, un certain degré de foi. On dirait que les forces divines, pour nous tester, nous envoient toutes sortes de doutes afin de voir comment nous réussirons à les esquiver. Si nous réussissons malgré tout à suivre notre route, avec calme et entêtement, nous sommes alors exaucé. Et un jour, au moment où nous nous y attendons le moins, nous obtenons ces preuves tant désirées... mais alors, nous nous apercevons qu'elles ne sont même plus nécessaires. Et vous, quel est votre niveau de persévérance et de foi? Attendez-vous constamment des preuves avant d'agir?

Dieu aime et protège également tous les hommes, tous les peuples de la terre sans exception, quelles que soient leur race, leur couleur, leur allégeance politique ou religieuse. Il est donc faux de prétendre que Dieu ne protège que ceux qu'Il aime... puisqu'Il nous aime tous de la même façon. Mais comme chaque homme a le droit d'accepter ou de refuser Sa protection, Il se voit souvent contraint de laisser certains libres de sombrer à leur guise dans les méandres de l'ignorance dont ils font preuve. Donc, inutile de juger quelqu'un parce qu'il ne semble pas jouir de la protection divine! De toute manière, **rien n'arrive à personne qu'il ne puisse supporter.** C'est peut-être ça, la véritable protection.

Il est fascinant de constater comment les enfants peuvent détecter les sentiments les plus cachés des adultes, en particulier ceux de leurs propres parents. Souvent, l'opinion que se fera un enfant de telle ou telle personne sera le reflet fidèle de ce que ses parents en pensent eux-mêmes. Les enfants captent en effet facilement les pensées et les états d'âme de leurs père et mère, sans que ces derniers aient à les exprimer d'une quelconque façon. Si les parents sont portés à juger, les enfants feront de même. Pour étayer cette affirmation, notez l'attitude qu'adoptent certains enfants envers vous et comparez leur comportement avec celui de leurs parents à votre égard. Vous serez étonné de la similitude. Les enfants qui vous respectent le plus auront généralement des parents qui vous admirent; c'est le même processus qui agit dans le cas contraire. **De là l'importance de penser positivement et d'éviter de juger les autres si on veut que nos enfants fassent de même.** Nos jeunes, les adolescents en particulier, apprennent beaucoup plus de ce que l'on est que de ce qu'on leur dit.

Il peut arriver, durant certaines périodes de notre vie, que tous nos projets semblent mis en veilleuse. On a l'impression désagréable que l'on doit attendre après tout, que rien ne se réalise, et parfois même que tout s'est définitivement arrêté pour nous. Eh bien! même si cela peut paraître contradictoire, ces moments sont privilégiés, car ils nous apprennent à vivre simplement l'instant présent, sans attendre après quoi que ce soit. Souvent, ces périodes surviennent lorsqu'on a décidé de s'abandonner au rythme de la vie et à son «bon vouloir». **Pour tester si on est vraiment prêt à se laisser guider, l'Univers ralentit son mouvement pour étudier nos réactions.** Si on est patient et que l'on profite pleinement de cette accalmie passagère pour se reposer et approfondir ses positions, alors tout se remettra automatiquement en marche de lui-même sans qu'on ait à intervenir. Si, au contraire, on met de la pression en essayant de «forcer» le destin, il est possible que la monotonie qui s'est installée perdure jusqu'à ce que nous ayons compris ce qu'est le véritable «lâcher-prise». Ce sera la meilleure leçon de notre vie, après quoi, rien ne sera plus jamais pareil.

La culpabilité est un fléau qu'il faut tenter d'éliminer coûte que coûte de nos vies. Même les pires erreurs que nous avons commises ne devraient pas être considérées comme des fautes, mais plutôt comme des expériences à partir desquelles toutes les personnes concernées peuvent tirer une leçon. La notion de culpabilité pourrait être avantageusement remplacée par celle de responsabilité. Puisque le hasard n'existe pas et que tout a sa raison d'être, nous n'avons donc jamais raison de nous sentir coupable d'avoir agi de telle ou telle façon; ce qui ne change en rien le fait que nous sommes responsable de nos actes et que nous devons en subir les conséquences. **La culpabilité est un sentiment empreint de passivité,** qui n'apporte rien de positif, tandis que **la responsabilité, elle, suscite l'action,** la réparation et l'évolution.

Quand on sépare les éléments formant un tout bien vivant, on provoque, dans bien des cas, leur affaiblissement, sinon leur destruction. Ce principe se retrouve partout dans la nature. Et comme notre intellect a la fâcheuse habitude de tout disséquer, d'analyser chaque partie individuellement, sans penser à l'ensemble, on peut en déduire qu'on se retrouve souvent dans de beaux draps! La spécialisation dans tous les domaines est un bel exemple de cette tendance qu'a l'homme de tout diviser. Cette attitude aboutit, à longue échéance, à son éloignement de la conscience collective. Chacun pour soi, au détriment de tous! **Il faut réapprendre à vivre «ensemble»; à se préoccuper de plus en plus des conséquences qu'auront nos décisions** sur notre entourage; à traiter le corps tout entier au lieu de considérer chaque organe séparément; à chercher les remèdes à nos maladies en même temps que les comportements qui les ont réellement causées. Accordez-vous donc le temps nécessaire pour prendre un certain recul et pour regarder toujours l'ensemble d'un problème.

L'homme possède le plus beau cadeau que son âme ait pu un jour recevoir: un corps physique. Ce privilège est extrêmement précieux, car seule l'incarnation dans la matière permet à l'âme d'évoluer par l'expérimentation, sur terre ou ailleurs. L'âme sans le corps est réduite à un état latent; elle peut alors acquérir certaines connaissances mais elle n'a aucune possibilité de les «tester», de les imprégner profondément en elle par l'expérience dans la matière. Je me suis souvent demandé pourquoi Dieu, par l'intervention de Ses guides, ne répandait pas l'harmonie sur la terre, d'un seul coup de baguette magique! La vérité est que ces guides ont toujours besoin de faire passer leurs messages à travers nous et qu'ils ne peuvent agir sans notre consentement, ni rien changer sans notre collaboration. Vous rendez-vous compte de notre importance et de cette chance que nous avons d'être en vie? Si vous croyez à l'évolution de l'âme, **remerciez chaque jour le Créateur de vous permettre d'être ici!** La vie, même la plus malheureuse en apparence, est un don inestimable. Ne la gâchez pas en la détestant.

La vérité varie d'une personne à l'autre, selon son degré d'évolution et le chemin qu'elle a choisi de parcourir. C'est pourquoi il me semble impossible que quelqu'un puisse détenir la Vérité, puisque celle-ci change constamment d'un être à l'autre. Sachant cela, il devient complètement inutile d'essayer de prouver son point de vue et de chercher à «convertir» les autres coûte que coûte. Et si leur vérité était autre que la nôtre? Pour certains, la vérité sera blanche, tandis que pour d'autres, elle sera noire ou beige ou jaune. Et le plus drôle, c'est qu'ils ont tous raison... et ils se disputent en plus! Vous qui cheminez depuis longtemps, avez-vous remarqué que vos vérités changent en cours de route? Regardez-vous il y a dix ans. Pensiez-vous exactement comme maintenant? Y a-t-il des vérités que vous auriez défendues à mort à cette époque et qui sont révolues présentement? **Chacun bâtit sa propre vérité, celle qui lui convient personnellement.** Pensez-y la prochaine fois que vous aurez envie de prêcher pour votre propre clocher. Ne faites que proposer les choses, n'imposez rien!

On retrouve dans la Bible un enseignement très important pour le chercheur de vérité. Il se lit comme suit: «Ne donnez pas de perles aux pourceaux.» Si vous insistez pour offrir votre aide à une personne qui ne vous l'a pas demandée, vous risquez de gaspiller toute cette belle énergie que vous avez acquise avec les années et que cette personne ne saura accueillir adéquatement, parce que non préparée. Une phrase merveilleuse dite à quelqu'un qui n'est pas apte à la recevoir pourra susciter la dérision et se retourner illico contre vous. Au lieu de vous acharner à accorder votre aide à ceux qui n'en veulent pas, **tournez-vous plutôt vers les gens qui ont soif de votre vérité.** Eux sauront apprécier à leur juste valeur les perles que vous leur donnerez.

Les arbres sont tellement remplis de sagesse qu'ils nous offrent la plus belle des leçons. Ils sont là, solides et forts, tendant leurs bras vers le ciel pour en tirer toute l'énergie de vie qui y est contenue et dont ils ont besoin pour survivre. Leur pied est, par contre, bien ancré dans la terre, leurs racines captant ce fluide vital de la Terre-Mère qui absorbe et transforme toute disharmonie. Jamais mieux centrés en haut qu'en bas, ils sont toujours en équilibre entre le ciel et la terre. **Leur force vient aussi du fait qu'ils savent plier quand vient la tempête, pour se redresser ensuite quand le vent est tombé.** S'ils restaient droits et affrontaient orgueilleusement la tornade, leurs chances de survie seraient très faibles, et ils finiraient de toute façon par casser un jour. Leur force ne réside donc pas dans leur solidité, mais dans leur capacité à s'adapter à toutes les situations, en pliant quand il le faut. Aujourd'hui, inspirez-vous de cette maturité de l'arbre, de sa force et de sa souplesse.

Le sentiment et l'émotion sont des choses très différentes l'une de l'autre. Le sentiment appartient au monde de l'âme; on pourrait le décrire comme l'«état d'âme» dans lequel on se trouve à l'instant présent. L'émotion, par contre, est une manifestation amplifiée et plus ou moins contrôlée de ce même sentiment. **L'émotion appartient au monde de l'ego et du mental.** Si vous vous sentez tout simplement bien, serein, content de vous trouver à l'endroit où vous êtes ou de vivre une situation particulière, c'est le «sentiment» que vous exprimez alors. Mais si vous vous mettez à crier de joie et à extérioriser ce sentiment à outrance, vous entrez alors dans l'«émotion». Pour la peine, c'est le même processus. La tristesse est un sentiment; on l'appelle aussi, curieusement, le «vague à l'âme». Les pleurs et les cris seraient les émotions causées par cette peine. Le véritable sage se tient constamment dans le monde des sentiments, sur la ligne de la sérénité. Il ne crie pas sa joie, ni sa peine; il les vit, tout simplement.

Un jour que je me trouvais sur une plage, les pieds dans les vagues qui déferlaient avec fracas, je demandai aux devas de l'eau de m'expliquer encore plus clairement la différence entre le monde de l'âme et celui de l'ego. Un flot d'intuition monta en moi; c'est souvent ainsi que je reçois leurs messages. «Regarde à tes pieds, me dirent-ils; toutes ces vagues créent des mouvements incessants et dérangeants en s'échouant sur la plage. Si tu avances dans l'eau et essaies de les prendre de front, elles t'emporteront avec elles et tu te retrouveras, toi aussi, et contre ta volonté, projeté sur la plage, en déséquilibre ou même tombé sur le dos! **Ce mouvement continuel et incohérent est comparable au monde de l'ego et des émotions.** Par contre, si tu jettes un regard au large, tu verras que tout y est calme et doux. Pourtant, il s'agit de la même eau que celle qui déferle à tes pieds. Le large, là-bas, c'est le monde de l'âme, au-delà de l'ego. Tu dois apprendre à y nager à ta guise et à t'y laisser flotter. Quand on y arrive, tout devient apaisant et harmonieux.»

Un maître hindou commentait ainsi un verset de la *Bhagavad-gita*, ce livre sacré écrit il y a des millénaires et qui inspira nombre de grands sages: «Quoi que fasse un grand homme, la masse des gens marche toujours sur ses traces; le monde entier suit la norme qu'il établit par son exemple. Tous ces grands êtres qui ont changé la face de la planète l'ont fait avec leur cœur et en prêchant par l'exemple. Souvent on fait de grands discours et même la morale avec des mots savants et vides de sens parce qu'ils ne sont pas le reflet de ce que nous sommes.» Lorsque vous vous demandez si tel ou tel maître devrait être suivi, regardez s'il est conséquent dans ce qu'il avance devant ses disciples et si sa vie est empreinte de la sagesse qu'il prône. **On voit la richesse et la profondeur de quelqu'un aux fruits de ses actes.** Prenez le soin d'analyser méticuleusement les gens en qui vous allez mettre votre entière confiance.

Laissez-moi vous proposer un exercice d'humilité qui vous aidera à considérer votre partie divine comme étant votre véritable identité. Installez-vous à quatre pattes sur le plancher, puis laissez retomber votre tête jusqu'à ce qu'elle soit appuyée sur vos mains, un peu comme si vous vous prosterniez devant quelqu'un. **En réalité, vous vous inclinerez devant votre partie divine, votre âme si vous préférez.** Dans cette position, répétez trois fois: «Je ne suis rien, je ne veux rien, je ne peux rien (le "je" représente votre ego, votre personnalité). Mon âme est mon véritable maître; je l'honore et m'y soumets.» Prenez ensuite quelques secondes pour baigner dans cette dimension où l'ego n'a plus sa place. Cet exercice est très utile quand notre personnalité prend un peu trop de place et que l'on veut se reconnecter à son vrai MOI.

L'homme a tendance à s'attacher excessivement aux rites religieux et aux rituels de toutes sortes, en venant même à les considérer comme des fins plutôt que comme des outils. Tout rite, rituel, récitation de mantra, etc., a pour but de nous amener vers quelque chose de plus beau, vers des dimensions plus élevées où l'on peut entrer en contact direct avec la Lumière, avec Dieu, avec soi-même. Dès qu'on est parvenu à cet endroit merveilleux, les rites ne deviennent plus nécessaires, car la destination vers laquelle ils nous ont mené est désormais atteinte. **Plus on devient sage, plus les choses se simplifient dans notre vie.** Si on baignait continuellement dans le monde de l'âme, on n'aurait évidemment pas besoin de rituels pour y évoluer. Mais comme l'expérimentation matérielle exige que nous soyons bien ancré dans le plan physique, il nous faut des véhicules, des outils pour nous aider à nous envoler plus facilement. Faites donc aujourd'hui le tour de ces rituels auxquels vous vous êtes attaché. Sont-ils encore utiles ou nécessaires? Vous limitent-ils? Sachez garder l'équilibre en tout.

Quand on s'engage dans la roue de l'avancement spirituel et de la croissance personnelle, on devient très rapidement mû par un désir presque irrésistible de purifier son corps et son âme. Souvent on commence par le corps physique, le nettoyant de ses impuretés par des jeûnes ou des cures de désintoxication. Puis c'est au tour de l'esprit, et on y va avec la méditation, la prière et certains renoncements. Comme on a tendance à passer facilement d'un extrême à l'autre, il est important de se montrer très vigilant et de ne jamais brusquer les choses. Il faut y aller progressivement, au rythme que nous propose notre corps si nous y sommes le moindrement attentif. Les changements rapides et excessifs, souvent de courte durée, n'opèrent qu'en surface. Par contre, si vous procédez avec modération et **laissez votre corps s'habituer lentement au changement,** votre être tout entier aura le temps de s'acclimater à cette nouvelle dimension à laquelle vous désirez accéder par l'accélération de vos vibrations. On n'impose pas si facilement sa loi à ce corps qui, pendant des dizaines d'années parfois, a eu le temps de prendre bien des mauvaises habitudes!

Une façon de progresser sur la voie de la sagesse est de rechercher la présence de personnes spirituellement plus élevées que nous, ou qui ont parcouru avec succès la route que nous sommes en train de suivre. S'il est impossible de les fréquenter personnellement, on peut, par contre, entrer en contact énergétique avec elles grâce à leurs conférences, à leurs livres ou aux cours de croissance qu'elles dispensent. Lorsqu'on chemine seul, n'ayant qu'un seul confident — nous-même —, la route peut nous sembler longue et ardue, car on n'a alors personne à qui confier nos peurs et nos doutes, et aucun modèle à suivre. Si, par contre, on est en contact avec des gens ayant acquis une certaine sagesse et que l'on apprend à les écouter et à profiter de leur expérience, tout le processus enclenché en nous peut être décuplé en vitesse et en efficacité. C'est pourquoi, **lorsqu'on entreprend un cheminement intérieur, il faut s'attendre à ce que nos amitiés changent;** nos priorités aussi. Mais une chose est certaine, c'est qu'on va toujours vers du plus beau!

Quand on devient «conscient», on regarde avec le même œil l'échec et la réussite. Pour nous, tout a sa raison d'être et tout n'est que prétexte à expérience. Bien vite, les résultats de nos actions ne représentent que des préoccupations de second ordre. Le succès et l'échec ne sont d'ailleurs que des conceptions très relatives, puisqu'un certain degré de réussite pour l'un peut être vu comme un constat d'échec pour l'autre; tout dépend des priorités et du degré de compréhension de chacun. **Le sage demeurera donc serein et résolu, quels que soient les résultats de ses actions.** Cela ne signifie nullement qu'on ne doit pas être content de ses succès, ni déçu de ses échecs, mais plutôt qu'il serait préférable de ne pas les laisser nous emporter dans les vagues excessives d'émotions perturbatrices. Prenez conscience des nombreux pas que certains de vos supposés échecs vous ont permis de franchir.

La souffrance est une manifestation du monde de l'ego et de l'émotion. Mais elle est là pour nous aider, sinon pour nous forcer à nous élever vers le domaine de l'âme, là où tout est parfait, où tout est comme ça doit être, dans le moment présent. Quand on atteint un certain degré de compréhension dans notre cheminement spirituel, on constate souvent que la souffrance devient inutile à celui qui est à l'affût de tous les messages qui lui sont envoyés pour lui permettre d'avancer. **La souffrance nous est imposée seulement dans les cas où l'on ne peut arriver à comprendre autrement.** Quand on sait cela, on ne laisse jamais passer une occasion de se surpasser et d'améliorer son état de conscience, sachant que c'est la manière la plus facile et la plus harmonieuse d'évoluer. Vous qui croyez que la souffrance est absolument nécessaire pour grandir, il serait peut-être temps de renverser la vapeur et de choisir plutôt le bonheur!

La sagesse, c'est tout simplement d'avoir une telle compréhension de l'interrelation existant entre tous les humains et leurs actes respectifs que rien ne peut désormais nous paraître tragique ou vide de sens. On est beaucoup plus heureux et on cesse de se ronger les sangs à se demander où va le monde. Le sage, lui, sait où il s'en va et où iront les gens qui voudront bien le suivre. Les êtres qui n'ont pas cette vision élargie des choses s'éparpillent dans d'autres directions, qu'ils ont d'ailleurs tous choisi de suivre et qui leur conviennent probablement mieux à cette étape de leur évolution. **La sagesse est donc une simple recherche de joie de vivre, de bonheur et de sérénité** à travers les actions de tous les jours. Quand on comprend le véritable sens de chaque événement, on cesse de les dramatiser à outrance. On peut enfin vivre et laisser vivre les autres à leur rythme et à leur façon.

Dans la destinée de chacun, la victoire est déjà incrustée. Dans cette optique, seul le sens que prendra chaque bataille se dessine instant après instant, jour après jour. Ces batailles peuvent être cruelles, douloureuses, interminables, mais elles peuvent également être profondes, douces, harmonieuses et de courte durée, selon la façon dont nous avons choisi de les mener. C'est à chacun de décider du genre de combats qu'il veut mener dans sa vie. **Si vous avez toujours appris par la souffrance, il serait peut-être grand temps d'inverser le sablier** et de faire tourner la roue dans l'autre sens: celui de la compréhension dans l'harmonie. La souffrance est un dérivé de l'ignorance et le fruit de vieux schèmes de pensée trop longtemps entretenus. Abandonnez petit à petit ce monde de grisaille et refaites un clin d'œil à la vie. Elle vous comprendra.

L'émotion est l'eau brouillée de l'ego. Si on s'élève au-dessus de celui-ci, l'émotion n'a plus aucune emprise. C'est pourquoi il est important de ne pas se laisser ballotter toute sa vie par le flot de ses émotions, car celles-ci auront tôt fait de nous épuiser. Il est certes excellent d'effectuer un grand nettoyage, de mettre de l'ordre dans tout ce que l'on a vécu depuis notre jeunesse et qui nous influence encore. Mais quand le coup de balai a été donné, il devient dès lors inutile de revenir en arrière pour replonger dans ces reliques d'émotions qui ne nous appartiennent plus mais qui tentent de reprendre leur domination. **Il est alors temps de s'élever au-dessus de l'ego et de ne plus subir les contrecoups de notre passé.** Décidez donc de jeter aux poubelles ces émotions anciennes qui vous restreignent et, quand vous en serez libéré, demandez à vos guides de vous aider à toucher ce monde de l'âme où tout est si calme et si harmonieux.

Plus on reçoit de l'Univers, plus les fruits recueillis doivent être partagés avec les autres. Après quelques années de recherche sur la spiritualité, mon réservoir de connaissances était tellement plein qu'il était impossible d'y rajouter une seule goutte sans que le tout déborde et se répande par terre. C'est à ce moment que s'est installé un grand vide dans mon cheminement spirituel et que l'Univers a cessé de déverser ses bienfaits sur moi. Jusqu'au jour où j'ai compris qu'**il me fallait vider ce réservoir de connaissances si je voulais qu'il se remplisse de nouveau.** J'écrivis donc mon premier livre, *Sur la voie de la Sagesse*, où je transmis aux autres, en des mots simples et sans jugements, tout ce que j'avais appris depuis le début de ma quête. Ceci fait, la connexion avec le «ciel» se rétablit, et mon réservoir recommença à se remplir. Fort de la leçon de partage que je venais de recevoir, je commençai dès lors l'écriture de mon deuxième livre, craignant que le flot ne s'arrête encore..., ce qui ne s'est jamais reproduit! Avez-vous tendance à garder pour vous les perles que vous avez trouvées et cultivées depuis des années? Comment pourriez-vous en faire profiter les autres?

Le temps où les grands sages vivaient en réclusion, quelque part sur le sommet d'une montagne, est maintenant révolu. C'est pourquoi on les retrouve de plus en plus parmi nous. Peut-être qu'un jour ou l'autre, certains d'entre nous ont aspiré à mener une vie de moine, en se détachant complètement du monde environnant. S'agissait-il d'un désir de fuite ou de réel recueillement? Lorsqu'on est destiné à vivre dans la société et à participer à l'évolution quotidienne des gens qui nous entourent, il est inutile de penser à se retirer dans un coin perdu pour vivre dans le refoulement et la frustration. **Chacun de nous est actuellement à l'endroit exact où il est appelé à vivre et il effectue, sans aucun doute, le travail qu'il doit y faire...** Si on vous avait prédestiné à devenir moine, vous seriez probablement déjà dans votre monastère. Apprenez donc à être «bien», là où vous vous trouvez maintenant et avec les gens que vous côtoyez. Demain est un autre jour; il sera bâti expressément pour vous et par vous!

On erre souvent durant de longues années à la recherche de solutions aux graves problèmes qui nous perturbent. On a beau y mettre toute sa bonne volonté, il n'y a rien à faire; on ne trouve jamais de réponse vraiment satisfaisante. Que se passe-t-il alors quand le néant nous attend toujours au bout de notre recherche? Cette situation est due au fait qu'on cherche des solutions uniquement dans le monde physique, au lieu d'aborder celui de l'âme. On ne regarde tout simplement pas dans la bonne direction. On agit un peu comme une personne cardiaque qui se soigne en prenant des médicaments, mais qui continue à mener sa vie à un train d'enfer. Elle pourra consulter les plus grands spécialistes du monde sans que son sort s'améliore vraiment. Pourtant, si elle regardait le message que veut lui transmettre son âme par sa maladie, elle pourrait retrouver la santé beaucoup plus rapidement. N'attendez donc pas d'être trop brisé avant de vous ouvrir à «autre chose»! **Tout problème trouve sa réponse quand on sait le regarder avec les yeux du cœur,** avec l'intelligence de l'âme.

Êtes-vous capable d'accepter facilement ce que l'on vous donne? Ressentez-vous de la culpabilité à la pensée qu'un jour vous puissiez devenir riche? Pour certains, ces questions peuvent paraître quelque peu farfelues, mais prenez quand même le temps de bien y réfléchir. Les grands sages nous disent qu'il faut être prêt à accepter tous les trésors que l'Univers nous envoie, et à les utiliser pour servir l'humanité et faire grandir une réelle harmonie. Si on attire la richesse, c'est qu'on la mérite et que c'est dans cette opulence que nous devons cheminer pour atteindre les buts que nous nous sommes fixés en cette existence. Dans le même ordre d'idées, il faut également accepter de ne rien recevoir si telle est la route sur laquelle nous devons cheminer. **Le secret: le non-attachement à ce que l'on possède et la sérénité en toute occasion.** Posséder des biens matériels n'est pas une maladie en soi, mais c'est au moment où l'on commence à s'y attacher que le danger nous guette. Soyez tout simplement vigilant!

Il est dit dans la *Bhagavad-gita*, le livre sacré des Anciens, qu'une obligation ne nous lie que lorsqu'elle entraîne des résultats positifs. Ainsi, un pacte, une promesse ou un contrat peut toujours être renégocié s'il ne correspond plus à ce que l'on est en train de vivre. Certains humains voient leur vie empoisonnée par des promesses ou des pactes qu'ils ont faits il y a des années et qui n'ont vraiment plus leur raison d'être, ni leur utilité dans le présent. Si de telles promesses vous font pâtir inutilement, ne les laissez pas détruire votre vie. Croyez-vous vraiment que Dieu aime vous voir souffrir, Lui qui est tout Amour, même si cela concerne un engagement que vous avez pris jadis avec Lui sous le coup de l'émotion ou du découragement, pour qu'il vous soutienne dans telle ou telle démarche? Bien sûr que non! **Dieu veut vous voir heureux, coûte que coûte. Il comprend tout et vous connaît parfaitement.** Donc, si les conséquences actuelles de vos promesses passées sont négatives, il serait peut-être temps de penser à les réviser! Parlez à Dieu comme à un grand ami plutôt qu'à un juge inflexible.

Quelles que soient la race, la religion ou la société dans lesquelles évolue un être humain, la route qu'il a choisie est vraiment celle qui lui convient pour parfaire son évolution. Même s'il agit en contradiction avec ce que l'on croit être bon pour lui, on ne peut qu'accepter la situation telle qu'elle est. Nous pouvons, si nous le désirons, lui proposer une autre voie que nous croyons plus facile et plus susceptible de contribuer à son développement. Dans nos relations d'aide avec les autres, **notre seul pouvoir à nous, les humains, est de proposer et non d'imposer les choses.** Tout le reste est du ressort de chaque personne et ne regarde qu'elle-même. Quant à nous, cette façon d'aider les autres en toute liberté nous fait effectuer un immense travail sur nous-même. En effet, accepter qu'une personne pense autrement que nous et la respecter quand même dans ses choix est déjà tout un programme... Aimer une personne, c'est aussi lui accorder le droit de régir sa propre vie, même si elle diffère sensiblement de la nôtre.

Les talents que l'on a reçus à notre naissance ou que l'on a développés plus tard sont des perles dont on aurait grand intérêt à faire profiter les autres. Un grand peintre qui garderait tous ses chefs-d'œuvre enfermés dans un coffre-fort n'apporterait rien à la société. Un écrivain qui ne produirait que pour lui-même se retrouverait vite sans inspiration. Ainsi, il est important de tirer parti du corps physique que l'on possède, avec toutes les aptitudes et tous les talents qui sont venus avec... Quand on se sert de ses habiletés naturelles et qu'on continue de les développer, on travaille toujours dans la joie, et cette joie, on la transmet aux autres par nos œuvres. Un beau tableau comblera de sa beauté tous ceux qui l'admireront. **Un livre écrit avec amour transmettra ce même amour à tous ses lecteurs.** Y a-t-il un talent que vous n'avez jamais osé montrer aux autres par fausse modestie? De quelle façon pourriez-vous les en faire profiter? Pensez-y sérieusement, dès maintenant...

La sérénité consiste, entre autres, à supporter les joies et les peines de l'existence sans en être affecté. La *Bhagavad-gita* dit: «Quiconque, fermement déterminé à réaliser son moi spirituel, parvient à tolérer les assauts du malheur comme du bonheur est prêt pour atteindre la libération.» Les joies et les peines seront toujours présentes dans nos vies. La terre est un immense banc d'essai où tout bouge constamment. **On peut constater que l'on est heureux ou triste sans se promener continuellement d'un extrême à l'autre;** on n'a pas à crier son contentement ni à sombrer pendant des jours et des jours dans une détresse sans fond. Cette façon d'être qu'il faut rechercher, je l'appelle la «ligne de la sérénité », cet état où tout est parfait.

Nous sommes responsable des connaissances que nous avons acquises; il s'agit là de la contrepartie de tout cheminement spirituel. Un être ignorant a un degré moindre de responsabilité vis-à-vis de ses actes, quoiqu'il en ait toujours une certaine part. Ainsi, **on est responsable de sa propre grandeur.** Quand on ne connaît pas les conséquences du karma et qu'on ignore que chaque geste et chaque pensée a des répercussions, notre responsabilité est comparable à celle d'un enfant. Mais quand on sait, on ne peut jamais retourner en arrière et feindre de ne pas savoir. On n'est plus jamais le même, et, à partir de ce moment, l'image que l'on projette doit ressembler autant que possible à ce que l'on est réellement. Suis-je vraiment ce que les autres pensent de moi? Ai-je enlevé tous mes masques? Est-ce que j'évite d'avancer, de peur de ne pouvoir assumer les conséquences de mon savoir?

Le corps subit sans cesse des transformations mais l'âme, elle, est immuable et éternelle. C'est pourquoi il ne faut pas s'attarder outre mesure aux changements de notre corps. Il est normal que ce véhicule emprunté par notre âme pour cette vie prenne des allures différentes selon le trajet effectué ou celui qui reste à faire. Ce qui est bon et réconfortant, par contre, c'est de se rappeler que **notre âme ne mourra jamais et qu'elle ne peut, dès lors, que se raffiner d'existence en existence.** Quels que soient les habits qu'elle se donne, l'âme baigne toujours dans une candeur extrême. Elle est constamment en contact avec Dieu, et on peut toujours se réfugier en elle quand notre corps nous pèse trop. Cette unité corps-âme est un principe que l'on retrouve partout dans l'Univers, à chaque endroit où l'expérience de la vie suit son cours. Souvenez-vous toujours que vous n'êtes pas qu'un corps physique, mais que vous êtes également, et par-dessus tout, une étincelle divine en plein cheminement.

Comme l'âme est indestructible et que seul le corps connaît la mort, il est donc de beaucoup préférable de suivre l'âme dans son cheminement après la mort plutôt que de s'attarder au corps et à la personnalité qui y était attachée durant son existence ici-bas. Un jour, j'ai lu une superbe pensée sur une carte mortuaire que l'on m'avait fait parvenir. Elle disait ceci : «Regardez la vie que je commence et non celle que je finis.» Je reçus cette phrase comme un message d'espoir que me transmettait le défunt. Pour me plier à sa demande, je le suivis donc dans le merveilleux voyage que son âme avait entrepris laissant derrière elle ses vêtements trop usés. **La perte du corps physique ne mérite pas vraiment qu'on verse des pleurs excessifs.** Par contre, ces larmes, nécessaires à la libération des émotions suscitées, peuvent être plus facilement apaisées si on se concentre sur la beauté et la sérénité qui règnent dans l'après-vie.

On apprend, dans la *Bhagavad-gita*, ce recueil recelant d'innombrables vérités, que l'âme a une dimension équivalant aux dix millièmes de la pointe d'un cheveu: «Lorsqu'on sépare la pointe d'un cheveu en cent parties, qu'on les divise à leur tour en cent parties, on trouve la mesure de l'âme.» (II:17) **Cette âme est si petite et si grande en même temps! Elle contient la puissance et la sagesse de tout l'Univers.** Elle est aussi ce qu'on appelle notre partie divine. Vivre dans la conscience divine, c'est s'imprégner de la force de cette âme et voyager avec elle sans craindre de s'égarer. Certains méditants ayant eu le privilège de voir leur âme dans toute sa splendeur l'ont décrite comme une perle bleue irradiant une lueur indescriptible. Ceux qui ont pu l'admirer n'ont plus jamais été les mêmes par la suite. Nous possédons donc tous cette beauté au plus profond de nous. Il s'agit de la reconnaître, de lui faire confiance et de lui demander qu'elle devienne notre maître absolu. Prenez dès maintenant quelques minutes pour vous en imprégner et lui parler en toute simplicité.

Notre âme peut être comparée au Soleil qui irradie et donne sa chaleur sans jamais rien demander en retour. Notre corps serait la Terre qui reçoit ses rayons et en tire la vie. Bien souvent, on oublie l'importance du soleil dans nos vies; heureusement qu'il y a les journées nuageuses pour nous rappeler comme il est bon de baigner dans ses rayons enveloppants. Sans le soleil, tout se dessèche et meurt. **Sans notre âme, nous ne serions qu'un morceau de chair errant** sans but dans un monde tout aussi déboussolé. L'âme est donc cette flamme logée au plus profond de nous-même et auprès de laquelle on peut trouver chaleur et réconfort en tout temps. L'avez-vous déjà remerciée pour son support? Sachez la reconnaître et devenir son plus fidèle admirateur!

Pourquoi peut-on entendre les mêmes histoires et les mêmes vérités sans jamais se lasser? Pourquoi devons-nous toujours répéter la même chose, jour après jour, à nos enfants, à nos élèves, à nos amis, en espérant que cette fois, ils auront bien compris? La *Bhaghavad-gita, telle qu'elle est,* quant à elle, mentionne ce qui suit dans son verset II:25: «La répétition d'une idée est nécessaire afin qu'elle soit comprise sans erreur, dans toute sa profondeur et sous tous ses aspects.» **Le cerveau de l'homme comprend beaucoup plus facilement par la répétition.** Il aura souvent besoin d'entendre dire les mêmes vérités de cinquante façons différentes et par autant de personnes, pour arriver un jour, à en capter le sens véritable. Quand ces connaissances seront assimilées, il pourra alors passer à autre chose, peut-être au même rythme. Mais soyez assuré que plus on vit dans la conscience divine, moins la répétition devient nécessaire! Heureusement!

Il existe, dans l'Univers, une loi dite de la conservation de l'énergie, qui a fait naître le dicton: «Rien ne se perd, rien ne se crée.» **Tout ce qui est inventé provient d'une énergie déjà existante dans le cosmos,** qui a été captée par quelqu'un ayant su s'élever à son niveau de fréquence, un peu comme lorsqu'on cherche à syntoniser une station de radio précise. Les grands inventeurs ont cette capacité de se mettre facilement au diapason de ces fréquences. Il ne leur reste plus alors qu'à capter et à matérialiser leurs «trouvailles» sur le plan matériel. Plus tard, quand l'objet inventé est détruit, son énergie retourne à sa source, attendant qu'une nouvelle personne la retrouve, la raffine et en fasse quelque chose d'autre. On ne crée rien, en réalité; on ne fait que permettre à l'énergie de circuler.

Quand, avec toute l'énergie de notre cœur, nous défendons une idée que nous considérons comme salutaire et bénéfique, nous ne pouvons qu'en retirer des avantages, dans cette vie ou dans une autre, quels que soient les résultats obtenus: échec ou succès. Il est donc tout indiqué de se créer un idéal et de le poursuivre jusqu'au bout, coûte que coûte. Cette démarche doit se faire de la façon la plus désintéressée possible, en s'efforçant de n'anticiper aucun résultat et de ne pas trop se laisser influencer émotionnellement par eux. **Il n'y a donc pas de mauvaise cause si on y croit vraiment et qu'on y travaille pour le bien de l'humanité.** Avez-vous un idéal bien à vous? Prenez quelques instants pour le découvrir; il se trouve peut-être hors de votre conscience. Sinon, quelle cause aimeriez-vous défendre? Prenez dès maintenant les dispositions pour le faire.

Le plus beau souvenir que l'on puisse garder de notre jeunesse et utiliser tout le long de notre vie adulte, c'est l'émerveillement. Quoi de plus extraordinaire que de voir un enfant s'ébahir devant une fleur toute simple, un beau sapin de Noël, un sourire radieux qu'on lui offre, etc.? Nous avons tous eu un jour cette ardeur dans nos yeux, et il est maintenant temps de ranimer cette étincelle en nous. Comment faire? Eh bien! c'est aussi simple que d'apprendre à redécouvrir les beautés qui nous entourent, à **savourer chaque instant que l'on vit comme s'il était le dernier,** à s'intéresser à tout ce qui sollicite nos sens, à rire de bon cœur plus fréquemment, enfin à vivre intensément chaque moment de notre vie. C'est peut-être ça, la vraie méditation: savourer au maximum chaque instant et mordre à belles dents dans la vie. Aujourd'hui, reprenez vos yeux d'enfant et laissez-vous émerveiller par tout!

Les adolescents offrent aux parents d'excellentes occasions de pratiquer le véritable amour inconditionnel. Au cours de cette période difficile de leur vie, les jeunes adultes ont tendance à minimiser le rôle dévolu à leurs parents, allant même jusqu'à reléguer ceux-ci au rang de serviteurs. Pour le parent qui subit cette forme d'humiliation, il serait facile de régler le problème en jetant l'éponge et en acquiesçant à toutes les demandes de leurs enfants, même les plus farfelues. **L'adulte mû par l'amour inconditionnel s'efforcera de guider son adolescent du mieux qu'il peut** sur cette route difficile, sans le juger et sans se laisser décourager par les commentaires souvent peu flatteurs que lui exprime son enfant. Il n'est pas toujours facile pour un père ou pour une mère de passer, aux yeux de son enfant et en peu temps, du rang d'idole à celui de rabat-joie. Seuls l'amour désintéressé et l'humilité peuvent guider les parents et leur permettre de grandir eux-mêmes durant cette période.

S'il y a un aspect de soi que l'on n'aime pas, on ne devrait pas le refouler ni se le cacher, mais plutôt le regarder avec les yeux de son âme qui, elle, ne l'oublions pas, est parfaite et incapable de juger. Après nous être intériorisé et avoir établi une certaine paix en nous, prenons le temps de nous analyser en tant que simple identité, celle qu'a empruntée notre âme pour expérimenter certaines qualités et transcender certains défauts en cette existence. Pour atteindre ses buts, notre âme a choisi un corps possédant tel et tel trait physique, de même qu'un caractère particulier. Elle a besoin, pour avancer, de ces défauts que vous détestez parfois tant. **Il vous faut donc prendre conscience de l'utilité de tout ce qui vous caractérise,** même si vous ne pouvez le comprendre ou l'admettre pour l'instant. Sachant ceci, n'est-il pas plus facile d'accepter nos petits défauts et de travailler un peu plus à les transcender afin d'aider notre âme à atteindre ses buts? Pensez-y lorsque vous aurez envie de vous apitoyer sur vous-même. N'oubliez pas que vous êtes exactement comme vous devez être. Pourquoi ne pas apprendre à en tirer avantage?

On voudrait tellement changer les autres pour qu'ils entrent exactement dans notre moule, dans nos propres schèmes de pensée! Mais ce qui est le plus intéressant et que l'on oublie souvent, c'est qu'en fait, ce ne sont pas les comportements des autres qui ne nous conviennent pas, mais l'interprétation que nous en faisons. Si, dans votre entourage, la façon d'agir de certaines gens vous irrite, essayez de vous mettre un instant dans leur peau et de voir la vie avec leurs yeux à eux, au lieu de les juger selon vos propres valeurs. Ainsi, vous deviendrez plus tolérant envers les autres et vous vous rendrez compte qu'**il est beaucoup plus facile de changer la vision que l'on a des autres que de modifier leurs habitudes.** Cette attitude fondamentale qui consiste à ne pas juger est d'ailleurs le plus précieux secret des couples heureux!

L'étincelle dans les yeux et le désir de toujours apprendre quelque chose de nouveau à l'intérieur ou à l'extérieur de soi, voilà la meilleure fontaine de jouvence que l'on puisse trouver. Un jour, j'ai rencontré un grand homme de plus de soixante-cinq ans qui avait encore cette étincelle bien vivante dans les yeux. Il m'a raconté que, depuis sa retraite de la vie publique (il était annonceur à la télévision), il s'était donné pour mission de faire le tour des centres pour personnes âgées et de les réveiller en leur suggérant fortement d'arrêter de mourir! Et comment? En demeurant constamment dans l'action, dans les projets nouveaux, dans la croissance personnelle, dans le développement intérieur. Quand on croit à la Vie, il y a toujours quelque chose à apprendre, et autant à enseigner. **«Laissez donc la vieillesse à ceux qui se sont déjà endormis,** quel que soit leur âge»**,** leur suggérait-il. Les cœurs vifs et chaleureux ne connaissent jamais la sénilité… ils n'en ont pas le temps!

Les gens qui cheminent sur la voie de la sagesse s'attachent beaucoup plus au véritable sens des enseignements que les différentes religions dispensent qu'aux rites qu'elles préconisent. **Les rites sont des outils et non des fins en soi.** Quand le grand maître Jésus est venu sur terre, il a enseigné, par la parole et l'exemple, diverses façons de pratiquer le véritable amour et de vivre dans une plus grande conscience divine. Au lieu de s'attacher à mettre en pratique ses enseignements, certains l'ont monté sur un piédestal et se sont mis à l'adorer comme une idole inaccessible. Quand on découvre la proximité de Dieu en nous, tout rituel devient inutile. L'action juste et désintéressée nous apparaît dès lors comme le culte le plus susceptible de nous faire atteindre quotidiennement les plans divins et de nous y maintenir.

Il faut faire très attention quand on dit que l'on est égal à Dieu, car ces paroles peuvent semer la confusion chez les personnes non averties et être perçues très négativement. Nous ne sommes pas égaux à Dieu; nous ne constituons qu'une infime partie de Celui-ci. La somme des étincelles divines qui animent l'Univers entier (et c'est bien plus gros que notre petite planète, croyez-moi) constitue Dieu. Ce qui explique pourquoi chacun de nous est interrelié aux autres et qu'il profite de l'expérience de tous. **Nos âmes sont toutes issues de la même source et elles y retourneront lorsqu'elles seront pleinement réalisées,** c'est-à-dire lorsqu'elles auront atteint la perfection. Et alors là, nous ne serons toujours pas Dieu, mais une partie de Lui! Il serait donc plus juste de dire que tout ce qui vit est animé de force divine.

Que penseriez-vous si, un jour, on vous disait de jeter tous vos livres, de cesser toutes vos méditations, d'oublier toutes les austérités que vous vous imposez depuis des années, de mettre de côté tout rituel et de laisser derrière vous toutes les connaissances que vous avez acquises? Vous seriez complètement abasourdi, surtout si ces paroles sortaient de la bouche de votre propre maître. Eh bien! on vous les dira peut-être un jour, lorsque vous serez prêt à comprendre qu'**il ne s'agit que d'être «saint» dans l'action du moment,** d'être heureux et reconnaissant pour chaque instant qui vous est accordé. En attendant, continuez à apprendre, à méditer et à prier. Il ne faut jamais forcer les choses, mais il faut toujours se rappeler que plus on s'approche de Dieu, plus s'installe en nous la simplicité et le détachement, même celui qui concerne nos croyances souvent limitatives.

Y a-t-il des injustices en ce monde qui vous font dresser les cheveux sur la tête? Y a-t-il des choses inconcevables à vos yeux qui devraient être bannies de la surface terrestre? Vous pourriez sûrement en écrire toute une liste. Mais, au fait, saviez-vous que dans le monde de l'âme et aux yeux du Divin, l'injustice, telle qu'on la connaît, est un mot vide de sens, qui n'existe que dans la compréhension mentale étroite de l'homme? **Tout est voulu et sert à quelque chose, sinon ça n'aurait pas lieu.** Ce qui ne veut pas dire pour autant que nous devons rester impassible devant ce qui nous semble injuste. Il nous faut plutôt éviter de dramatiser outre mesure les événements malheureux, sinon nous tomberons dans l'émotion et nous souffrirons inutilement. Le sage sait donc supporter avec calme toutes les pseudo-injustices, car il comprend qu'au-delà du niveau de compréhension humain, celles-ci ont un rôle important à jouer. Tentez donc, vous aussi, de vous élever au-dessus de ces événements et de voir quelles sont les leçons à en tirer.

Un grand sage chinois du nom de Sen Ts'an disait que la voie parfaite était difficile pour ceux qui pesaient et choisissaient. Si nous refusons de préférer et de rejeter, ajoutait-il, tout devient clair. On ne peut atteindre la perfection avec notre mental, encore moins avec les résultats de ses mille et une analyses. On ne peut non plus comprendre ce que sont Dieu et Sa création au moyen des seules élucubrations de la logique. **La Vérité se situe bien au-delà de la réalité «intellectuelle».** Elle ne peut être touchée que par ceux qui ont appris à lâcher prise et qui la laissent entrer d'elle-même en eux, par la grande porte de leur cœur.

La solitude est un état d'esprit créé de toutes pièces par nos émotions et notre mental. Si on savait s'élever à volonté pour s'abandonner dans les bras du Divin, on ne la connaîtrait jamais. Bien sûr, on peut se sentir seul à certains moments de notre vie, même au milieu d'une foule, mais ce qu'il faut éviter, c'est de s'accrocher à cette solitude et de s'y complaire. **Quand vous sentirez la solitude vous envahir, commencez par admettre la présence de ce sentiment en vous;** reconnaissez-le comme une manifestation passagère. Prenez aussitôt quelques instants pour vous élever au-dessus de votre ego, un peu comme si vous montiez au sommet d'une montagne. Quittez momentanément le personnage que vous incarnez pour aller rejoindre votre âme tout là-haut. Dites-lui ce que vous ressentez et demandez-lui d'absorber ce sentiment et de transformer votre solitude en sérénité. Vous sentirez aussitôt une grande paix vous envahir. Savourez-la, puis descendez de votre montagne et continuez à vivre! Plus vous ferez ce petit exercice souvent, plus il deviendra un réflexe automatique dans votre vie.

Le renoncement ne consiste pas à se débarrasser de tous ses biens matériels et à vivre dans la frustration et la pauvreté totale, mais plutôt à mettre tout ce que l'on possède au service de la Vie, de l'Être suprême qui régit tous et chacun. La loi de l'équilibre fait qu'il nous restera toujours assez de biens matériels pour vivre agréablement et dans l'aisance. Quand on a compris le principe de la circulation d'énergie qui prévaut dans l'Univers, on se rend vite compte que **ce que l'on donne d'une main, on le reçoit de l'autre, sanctifié en plus.** «Si la vie vous offre des biens matériels, ce serait très injuste de les refuser; c'est encore plus grand de les accepter avec humilité et de lui rendre grâce en les utilisant au meilleur de sa connaissance. Le seul piège à éviter dans ce cas est l'attachement.» (*Bhagavad-gita, telle qu'elle est*, II:64)

L'état de grâce dont nous parlent les religions est un jardin universel où circule à son aise celui qui aspire à la sérénité totale, à l'abandon, à la vie, au détachement et à l'acceptation active (non passive) de tout ce que lui envoie cette vie pour parfaire son évolution. Ce jardin est accessible à quiconque démontre de la bonne volonté et un désir sincère de grandir et de s'améliorer. Pas besoin d'être un saint pour s'y promener. Il suffit d'accepter en toute humilité la possibilité qu'on puisse le devenir un jour si notre détermination est suffisante. L'état de grâce s'atteint, entre autres, par la méditation, en portant toute notre attention sur cet état, ou tout simplement en **s'absorbant avec intensité et amour dans chacune de nos tâches quotidiennes.** Aimez et absorbez-vous entièrement dans tout ce que vous faites; vous serez alors sur la bonne voie de la sérénité.

Les actions du sage sont obscures pour l'homme envahi de pensées matérielles. Ignorant de son identité spirituelle, le matérialiste reste endormi dans ses ténèbres. Le sage réfléchit, pour sa part, et demeure bien éveillé dans les ténèbres du matérialisme. **Le sage est toujours indifférent aux joies et aux peines de l'existence matérielle;** il poursuit son évolution spirituelle sans être troublé par les circonstances matérielles. Dans le verset II:69 de la *Bhagavad-gita*, il est dit ceci: «Ce qui est nuit pour tous les êtres devient, pour l'homme qui a maîtrisé les sens, le temps de l'éveil; ce qui, pour tous, est le temps de l'éveil est la nuit pour le sage recueilli.» Les sens ne sont pas mauvais en soi. Seul ce qu'on en fait, la façon dont on s'en sert, leur permet de nous élever ou de nous entraîner vers le bas.

« Les matérialistes en quête de réussites matérielles, comme les spiritualistes et yogis en quête de pouvoirs surnaturels, sont tous voués au malheur, car leurs désirs, à cause de leur nature égoïste, demeureront toujours insatisfaits et incomplets. Le vrai spiritualiste jouit d'une paix parfaite avec ce qu'il a, avec ce qu'il est, à chaque moment de sa vie. Il n'a plus de désir. » (*Bhagavad-gita*, II:70) Souvent, sous le couvert d'une démarche spirituelle, on s'efforce de développer certaines facultés extra-sensorielles qui pourront être progressivement utilisées pour exercer un certain pouvoir sur les autres. Ce phénomène se produit souvent à notre insu, pour devenir peu à peu une attitude toute naturelle. Ce qui ne signifie pas qu'il faille cesser de cultiver ses aptitudes ou ses dons particuliers. Mais il faut toujours être vigilant dans ce que l'on en fait et attentif aux effets que nos actes peuvent provoquer. **N'oublions jamais que le but de tout cheminement spirituel est d'atteindre simplement le bonheur** et la sérénité, non le pouvoir sur les autres.

Le jour où vous cesserez de parler et de penser continuellement, aucune vérité ne pourra plus vous échapper. Tout ce que vous aurez besoin de savoir, quels que soient le moment où vous le demandez et l'endroit où vous vous trouvez, pourra vous être transmis instantanément, à la seule condition que vous vous mettiez en état de réception complète en arrêtant le flot incessant de vos pensées. Comment voulez-vous entendre ce que l'on vous dit si vous parlez continuellement? **L'idéal du sage est une oreille qui écoute...** Apprenez donc, au moyen de la méditation ou de l'action juste, à laisser monter en vous les conseils de votre sage intérieur. Celui-ci ne demande qu'à combler vos... vides et à répondre à vos interrogations au moyen de ses explications si simples quoique toujours appropriées. Aujourd'hui, portez attention à toutes ces paroles inutiles qui sont prononcées autour de vous et ne parlez que lorsque ce sera nécessaire. Constatez alors toute l'énergie que vous conserverez et la paix que vous installerez en vous et autour de vous en agissant ainsi.

Avant que je m'engage dans un cheminement spirituel, le bruit faisait partie intégrante de ma vie; il remplissait tous les moments de solitude de ma journée. Le matin, en me levant, j'allumais la télévision. Au bureau, c'était au tour de la radio. Le midi, à la maison, radio et télévision accompagnaient mon repas, et ainsi de suite jusqu'au coucher. Je pris alors conscience que **j'avais peur de me retrouver seul avec moimême et je faisais tout pour éviter que ça ne se produise.** Je décidai donc d'apprivoiser lentement la tranquillité et permis au silence de s'installer progressivement autour de moi. Après quelques mois de ce régime, je pris vraiment goût au calme et je m'accordai régulièrement des moments de paix avec moi-même. J'appris à «être», tout simplement, et à goûter chaque instant qui passait. Comme mon mental s'apaisait, mon intuition prenait la relève, augmentant en force et captant de plus en plus précisément les messages que m'adressait mon vieux sage intérieur. Et vous, le silence vous fait-il peur? Faites-en l'expérience, ne serait-ce que quelques minutes par jour. Allez-y graduellement, sans rien brusquer; sinon vous risqueriez de ne pas vous y habituer.

Quand on lâche les cordeaux de notre existence et qu'on décide de s'abandonner vraiment au mouvement de ce fleuve admirable de la Vie qui nous conduit exactement dans la direction où nous devons aller et au moment voulu, on entre dans une période merveilleuse puisqu'on n'a même plus besoin de demander quoi que ce soit à l'Univers. On sait clairement que **notre vie n'est plus entre nos mains et que les énergies consacrées à essayer de la diriger le sont en pure perte.** Elles devraient être plutôt utilisées à la rendre plus agréable. Ce degré d'abandon ne s'atteint pas du jour au lendemain; il doit être apprivoisé quotidiennement. On peut commencer par une seule journée à la fois, en se laissant complètement guider par ses intuitions profondes, sans poser de questions. Ensuite, on passe à deux jours, puis à trois, etc. Le fait de demander quelque chose à la Vie démontre une sorte d'esprit d'ingérence de notre part. Quand on éprouve une confiance totale envers ses guides et envers la Source qui les nourrit, on ne fait que naviguer dans le sens du courant, en veillant tout simplement à ne pas bifurquer de notre route. Habituez-vous lentement à ce mouvement d'abandon, qui sera évidemment vécu non dans la passivité mais dans l'action «guidée».

Au tout début de la création, il était prévu que l'intellect serait au service de l'intuition, et que c'est grâce à elle que viendrait à nous la sagesse divine. Mais, avec le temps, le processus s'est inversé, et c'est l'intellect qui a pris le dessus, faisant de l'intuition sa subalterne. Heureusement, chez beaucoup de personnes, l'équilibre est en train de se rétablir. Quant au mental, à force de se faire mater et remettre à sa juste place par la méditation et la vie intense dans le moment présent, il est en train de redevenir ce serviteur précieux, indispensable à l'exécution de nos tâches quotidiennes. **Quand vous avez une décision importante à prendre, laissez-vous guider en premier lieu par votre intuition,** par votre «senti» intérieur qui, lui, ne ment jamais. Ensuite, vous pourrez analyser en toute quiétude les arguments que vous apportera votre intellect, en ne perdant pas de vue ce que vous ressentez et ce qui est bon pour vous.

I l faut être très vigilant quand on consulte un clairvoyant, un astrologue, un numérologue ou toute autre personne ayant une vision élargie des choses. Si cette personne manque de neutralité ou si elle est insuffisamment «éclairée», elle ne vous transmettra que la propre perception qu'elle a d'une autre dimension qui n'est pas nécessairement la plus élevée. Si cette personne est sereine et bien dans sa peau, si elle baigne dans la lumière et accomplit son travail dans une ambiance harmonieuse, en ayant comme objectif d'aider à faire croître la personne qui la consulte, vous pouvez probablement lui faire confiance. Sinon, évitez de vous laisser influencer par des prédictions parfois troublantes qui n'auront souvent pour effet que d'attirer vers vous mille et un malheurs, comme un aimant attire les limailles de fer. **N'oubliez pas que la lumière attire la lumière;** donc seuls les êtres imprégnés de sérénité pourront vous aider à atteindre celle-ci. **Il est plus important de «voir clair», que d'être clairvoyant...** Recherchez donc la première catégorie.

Vous avez sûrement déjà entendu parler du voyage astral, ou projection hors du corps. Je peux en discourir à mon aise, pour l'avoir expérimenté de façon naturelle depuis mon enfance. Chaque soir, quand nous nous endormons, arrive un moment où une partie de notre être se détache de notre corps physique qui, lui, doit se reposer pour reprendre ses forces. Cette partie subtile de nous-même, que certains pourraient identifier à l'âme, retourne dans des mondes parallèles au nôtre pour y voyager librement. La plupart du temps, on n'a pas conscience de cette séparation des corps physique et spirituel, mais le résultat est le même: on s'envole de toute façon, consciemment ou non. Il n'y a aucun danger à vivre cette expérience, surtout si elle est spontanée, non commandée. **Au cours de nos périples hors du corps, nous sommes constamment relié à ce dernier par le cordon d'argent** qui ne se rompra qu'après la mort pour libérer notre âme. Donc, si vous «rêvez» que vous volez comme un oiseau dans le ciel, ou que vous nagez dans l'océan sans avoir besoin de respirer, peut-être ne s'agit-il pas d'un simple rêve! Soyez heureux de ces expériences et vivez-les en toute confiance. Elles vous permettront, comme ce fut le cas pour moi, d'enfin «connaître» la véritable différence entre l'âme et le corps.

On ne devrait jamais se permettre d'influencer une personne, dans une direction ou une autre, sans avoir reçu préalablement son entier consentement. Paul Twitchell, dans son livre *Eckankar*, disait ceci: «Tout le monde est individuellement à un niveau de conscience où l'on s'est établi soi-même, et personne ne devrait être forcé, ni manipulé vers un niveau supérieur ou inférieur. Dans sa conscience, l'homme est semblable à une plante. Si elle est bien nourrie, elle va croître; sinon, elle dépérit.» **On est souvent porté à «forcer» quelqu'un que l'on aime à cheminer à notre façon** et dans notre direction, tout en sachant que ce n'est pas la voie qu'il désire emprunter pour l'instant. Au lieu de défoncer les portes, il est préférable de semer des graines et de laisser à Dieu le soin de les faire germer. Pensez-y la prochaine fois que vous voudrez «changer» une personne...

Il arrive que la rigidité de la pensée et le manque d'ouverture d'esprit se matérialisent peu à peu dans le corps physique de la personne qui a nourri ces sentiments sa vie durant. Combien de personnes âgées, élevées dans une discipline rigide, intolérante et dépourvue de compromis, se retrouvent, au soir de leur vie, atteintes de la même inflexibilité chronique dans tous leurs membres! La meilleure façon de ne pas s'attirer ce problème est d'ouvrir son esprit dès maintenant à tout ce qui existe, d'assouplir ses positions en tout et de devenir pour les autres un support. Dans cet esprit d'entraide, **on laisse alors chacun vivre ses propres expériences, même si on est convaincu qu'il risque de s'y blesser.** Apprenons également à devenir tolérant envers nous-même et à accepter de ne pas être parfait. Quel est donc votre degré d'ouverture sur les nouvelles idées et sur les croyances différentes des vôtres? Pourriez-vous assouplir vos positions sur certains de vos principes?

Pour pouvoir accomplir le meilleur travail possible, dans les conditions les plus harmonieuses possible, et **pour attirer le succès le plus flamboyant dans nos vies, il faut être «au sommet de l'échelle de survie»,** comme le dit si bien Paul Twitchell dans son livre *Eckankar*. Il faut réunir dans notre vie la gaieté, l'enthousiasme, la vitalité, la créativité et un degré élevé de sérénité et de détachement. Le niveau le plus bas de cette échelle croupit dans la colère, l'apathie, le malheur et le chagrin. La plupart du temps, on voyage d'un extrême à l'autre, ce qui fait que l'on vit toujours des hauts et des bas. Sachant cela, assurons-nous, avant d'entreprendre tout travail important, d'être au sommet de cette échelle de survie, du moins plus près du haut que du bas!

Avez-vous souvent mal au dos? Sentez-vous peser sur vos épaules un poids écrasant qui ne vous appartient pas? Avez-vous parfois l'impression de porter sur vous les malheurs du monde entier? Si oui, c'est peut-être exactement ce que vous faites, inconsciemment bien sûr! Peut-être êtes-vous si bon avec les autres que vous leur apportez toute votre attention, que vous captez également tous leurs malheurs, que vous vous imprégnez de toutes leurs peines, en fait que vous vivez leur vie à leur place. Agir ainsi n'aide pas réellement ces personnes, car elles ont probablement créé cette situation de toutes pièces afin de l'utiliser pour grandir. Elles doivent se servir des circonstances dans lesquelles elles baignent pour cheminer dans cette voie de la souffrance qu'elles ont sans doute choisie. Quant à vous, lorsque vous portez ainsi des malheurs qui ne vous appartiennent pas, vous vous oubliez peu à peu et vous vous détruisez à petit feu pour des causes qui ne sont pas les vôtres. **Soyez donc assez sage pour assister les autres au lieu de vivre à leur place.** Ces gens n'ont pas besoin de vos pleurs, pas plus que de votre pitié, mais ils ont besoin de votre optimisme et de la joie de vivre qui y est rattachée.

La nature est intelligente; elle sait exactement ce dont elle a besoin, beaucoup plus que nous prétendons le savoir. D'ailleurs, les tremblements de terre, les éruptions volcaniques, les pluies torrentielles ou les inondations sont autant de preuves que nous n'avons aucun pouvoir sur les éléments. **Tous ces cataclysmes se produisent pour rétablir dans l'Univers un équilibre** qui a souvent été rompu par les actions insensées de l'homme. Cette conscience de la véritable harmonie avec la nature et de la supériorité de celle-ci sur nous s'est, hélas, perdue avec la naissance du règne de l'intellect. Pourquoi alors ne pas laisser la nature s'occuper d'elle-même au lieu d'essayer constamment de lui soutirer le maximum, bien souvent, en ne lui démontrant même pas le minimum de respect? Soumettons-nous à son intelligence et faisons-lui confiance. Elle nous le rendra et nous accordera, par le fait même, la meilleure des protections.

Dans cette ère du Verseau que nous amorçons, plus rien n'est désormais «figé dans le béton». Plus que jamais, nous avons la possibilité de bâtir nous-même notre futur et celui de la planète, jour après jour, instant après instant. Les limites sont maintenant chose du passé, et il n'existe plus rien d'imaginable qui ne puisse être réalisé. **Quand une prédiction est faite, elle n'est valable que pour le moment présent.** Si une quelconque évolution s'enclenche entre-temps, soit entre la prédiction d'un événement et son avènement, le futur pourra être complètement modifié ou même carrément à l'opposé de ce qu'il devait être. Notre rôle en est d'autant plus important, car notre niveau de responsabilité s'étend à l'Univers entier. Nous sommes dès maintenant les artisans de l'harmonie ou de la disharmonie qui régnera sur la terre dans dix, quinze ou cent ans. **Il n'existe rien qu'il ne nous soit impossible de changer!** Voilà une bonne raison de ne pas nous laisser aller...

Le véritable chercheur de vérité ne reste jamais passif devant les obstacles, même s'il les regarde d'un œil détaché. Au lieu de s'écrouler rapidement devant les problèmes, la sérénité et la sagesse qu'il a développées lui donneront cette confiance et cet abandon envers la vie qui permettront à sa vitalité de se décupler et lui procureront la force d'affronter les difficultés en toute quiétude. **Ce n'est pas en pleurnichant continuellement sur son sort qu'on peut trouver les solutions pour l'améliorer.** Ce n'est pas non plus en entrant émotionnellement dans la tristesse d'un autre et en pleurant avec lui qu'on réussira à lui redonner le goût à la vie. Avant de s'attaquer à un problème, il est toujours préférable de prendre un certain recul, après quoi tout devient assurément plus clair. Le temps est parfois un très bon conseiller et il constitue toujours une excellente retraite. Si on réussit à se détacher de l'émotion reliée à l'obstacle à surmonter, on peut réagir avec plus d'efficacité et de neutralité.

On a presque tous des préjugés envers les gourous. En effet, qui n'a pas entendu parler, un jour ou l'autre, des aventures de certains charlatans qui, surtout en Occident, se sont approprié ce titre sacré de gourou sans savoir ce qu'il signifiait vraiment. En hindi, le mot «gourou» signifie: «donneur de Lumière». **Le véritable gourou est un être réalisé qui a atteint la perfection et a choisi de la transmettre,** avec toutes les connaissances qui l'y ont conduit, à ceux qui veulent bien suivre ses traces. Le maître réalisé n'est plus attaché à son ego. Il est continuellement centré sur son étincelle divine. Donc, le gourou représente notre âme, cette partie divine qu'on a souvent du mal à reconnaître. Son seul but est d'apprendre à chacun de ses disciples à reconnaître son Dieu intérieur. Si, dans les ashrams — ou lieux de prières et de méditation —, le gourou est toujours présent, sous la forme d'images, de statues ou autres, c'est afin que le disciple, en voyant la représentation de son maître, pense immédiatement à s'intérioriser et à reprendre contact avec sa propre partie divine, ce qui n'a rien à voir avec la personnalité du gourou. Le véritable maître corroborera toujours le fait qu'il ne retire rien de l'adoration de ses disciples et que, quand ceux-ci se prosternent devant lui, c'est devant leur propre Dieu intérieur qu'ils le font.

Le sage qui appartient pleinement à cette ère du Verseau que nous amorçons possède et transmet toujours un enseignement universel dénué de tout dogme et accessible aux adeptes de toutes les religions du monde. Il n'incitera jamais l'un de ses disciples à rejeter ses croyances pour adhérer aux siennes; il s'efforcera plutôt de les adapter à la vérité de chacun. **L'enseignement universel ne revêt aucune couleur particulière et n'obéit à aucun rite spécial.** Il est ouvert à trois cent soixante degrés et ne contient aucune limite. Il est accessible à tous, il est bon pour tous et il est mû par une seule vérité: l'amour inconditionnel. Êtes-vous prêt à élargir vos horizons, à abandonner vos habitudes désuètes et à entrer dans cette sphère de compréhension où tous pourront enfin trouver leur place?

L'intuition est une faculté qui a été donnée à tous mais qui doit être développée au rythme de chacun. Le principe de départ pourrait être celui-ci: la première idée ou solution qui nous vient à l'esprit, dans une situation donnée, a de grosses chances d'être la meilleure. Elle provient vraiment de notre intuition parce qu'elle n'a pas eu le temps d'être analysée et influencée par notre intellect. Mais là, attention! Il faut quand même être très vigilant, au début, afin de déterminer s'il s'agit d'une réelle intuition ou plutôt d'un désir que l'on porte en soi et qui surgit tout à coup. **Il n'y a pas de moyen magique pour faire la distinction entre le désir et l'intuition véritable, si ce n'est l'expérimentation dans le quotidien.** Celle-ci peut être effectuée sous la forme d'un jeu, beaucoup plus que comme un travail à accomplir. Jouez aujourd'hui à noter toutes vos intuitions, même les plus banales, comme l'envie d'appeler quelqu'un, l'attirance vers un endroit, une solution particulière à un problème, etc. Ne vous arrêtez pas à l'aspect farfelu que peuvent prendre certaines de vos pulsions intérieures, ce sont souvent les meilleures!

Un grand maître se reconnaît, entre autres, au fait qu'il ne se vante jamais de ses pouvoirs spirituels et qu'en aucun cas il ne les utilise pour en faire un spectacle, à moins que ce ne soit vraiment essentiel et effectué dans un but bien précis. Aussi ne fera-t-il jamais état de sa supériorité et n'affirmera-t-il jamais avoir atteint les sommets. S'il agissait ainsi, ce serait plutôt une preuve évidente du contraire. **Même si on abuse de lui, le grand maître ne répondra pas par la colère, mais plutôt par la bienveillance.** Il oubliera vite ce qui s'est passé et laissera chacun libre de l'aimer ou non. Il ne connaîtra jamais l'ingratitude, car il donne toujours sans rien attendre en retour. Celui qui possède toutes ces qualités est vraiment digne de confiance.

« Le sage ne dit du mal de personne et ne sermonne jamais autrui en ce qui concerne leur comportement ou leurs défauts, et il ne punit pas non plus. Ceci est laissé au pouvoir administrant la justice. Il distribue seulement la Lumière et l'Amour de Dieu. **Un autre point est qu'il ne se soumet jamais à des pratiques ascétiques, ou à des austérités déraisonnables.** Il ne mendie jamais pour survivre et se supporte lui-même par son propre travail. Il ne permet à aucun de ceux qui le suivent de vivre sans rien faire. Il ne discutera jamais de son manque de chance ou encore de l'ingratitude de ceux à qui il a donné quelque chose. » (Paul Twitchell, *Eckankar*) Si on se fie à cet énoncé, nombre de prétendus maîtres ne font pas le poids... Soyez donc très vigilant si vous sentez le besoin de vous abandonner entre les mains de quelqu'un. Fiez-vous à votre «gros bon sens» et aux œuvres que cette personne a accomplies, ainsi qu'à la liberté qu'elle laisse à ses disciples.

On entend dire tellement de choses: que des prodiges ont été faits, que certains maîtres ou yogis sont maintenant âgés de plus de deux cents ans, qu'une personne atteinte d'une maladie grave a été guérie miraculeusement par un mystérieux individu, etc. Mais on est souvent incapable de trouver les auteurs de ces actes extraordinaires. Quelle en est la raison? S'agirait-il d'histoires purement inventées? À mon avis, toutes ces choses sont possibles! Lorsqu'on atteint un niveau spirituel élevé et que l'on a développé naturellement en nous des facultés qui, pour le commun des mortels, sortent de l'ordinaire, on n'est jamais porté à les exhiber. C'est d'ailleurs une loi de l'Univers qui dit que **personne ne devrait accomplir des miracles pour essayer d'attirer des adhérents.** Les plus grands prodiges sont faits dans le secret le plus complet, si bien qu'ils ne sont jamais connus du public. Il est donc préférable de se tenir loin de ces faiseurs de miracles qui attirent les foules, non qu'ils soient tous des charlatans, mais leurs intentions ne valent peut-être pas toujours qu'on s'y attarde.

« Le véritable maître est toujours prêt à venir en aide à tous ceux qui le lui demandent. Il n'interviendra cependant jamais dans les affaires d'un individu matériellement ou spirituellement, à moins qu'on lui en fasse la demande. Il est l'agent de Dieu. Il n'a pas le droit d'intervenir ni d'interférer dans la conscience d'autrui, à moins qu'un danger ne menace soudain cet être. Il ne peut jamais aller plus loin que la conscience de son disciple le permet dans l'instant. **Il attend qu'il soit assez fort pour l'envoyer seul dans le monde, ne dépendant plus que de lui-même.»** (Paul Twitchell, *Eckankar*) Connaissez-vous de ces maîtres qui tentent par tous les moyens de garder leurs disciples auprès d'eux? C'est là un signe d'attachement dont il faut se méfier. Lorsque vous considérez que votre maître n'a plus rien à vous apporter, ne restez pas collé à ses trousses. Allez plus loin... un autre maître vous attend!

La plupart du temps, les qualités qu'on admire chez les autres sont celles que l'on possède soi-même et dont on n'a pas encore pris conscience. On n'a jamais su les développer, tel que l'a fait cette personne devant laquelle on s'extasie. **Celle-ci est comme un miroir que nous envoie l'Univers pour nous inciter à commencer aussitôt le travail et à cultiver cette qualité** dans le dessein d'égaler un jour cette personne, sinon de la surpasser. Quelle est la personne à laquelle vous aimeriez le plus ressembler? Quelle qualité vous attire le plus chez elle? Se pourrait-il que se cache au plus profond de vous ce talent qui vous fascine? (Réfléchissez bien avant de dire non...) Qu'êtes-vous prêt à faire à partir de «maintenant» pour développer cette qualité à votre tour? Vous voyez? C'est très simple de découvrir dans quelle direction la vie veut que l'on aille. Il suffit souvent de regarder nos modèles puis de faire preuve de bonne volonté et de dynamisme pour les imiter. D'ailleurs, la plus belle façon de rendre grâce à une de ses idoles est d'utiliser ce qu'elle nous offre de plus beau pour s'élever soi-même.

Les personnes qui nous font réagir négativement, celles qui ont le don de nous pousser
à bout de nerfs en moins de deux ont des
messages à nous livrer, qu'il serait beaucoup plus sage
d'essayer de décoder plutôt que de les refouler ou
de les ignorer. **Il faut évidemment une bonne
dose d'humilité pour accepter d'apprendre
quelque chose de quelqu'un que l'on déteste.**
Mais ceux qui ont le courage de le faire et de marcher aussi admirablement sur leur orgueil, ont maintenant l'occasion de faire un pas de plus. Essayez
d'analyser pourquoi vous réagissez agressivement à
tel ou tel comportement et déterminez quel est le
défaut de la personne qui est à la source de cette
montée négative en vous. Ce serait évidemment trop
simple de généraliser en disant que ce travers qui
vous fait horreur fait partie intégrante de vous, à votre insu. Même si ce n'est pas toujours le cas, c'est
souvent, hélas, la vérité... et on n'ose même pas se
l'avouer. Aujourd'hui, faites un petit effort et tentez
de mettre le doigt sur le comportement qui suscite
de telles réactions négatives chez vous. Demeurez
neutre vis-à-vis de vos... constatations, comme s'il
s'agissait d'une autre personne. Si un de vos traits de
caractère plus ou moins agréable fait surface, ne vous
fermez pas. Voyez plutôt les choses avec humour et
riez-en au lieu d'en devenir les victimes!

Un maître est-il indispensable à l'avancement spirituel, ou peut-on cheminer seul sur cette voie de la sagesse? La réponse est: parfois oui, parfois non! En effet, un véritable maître est d'une utilité extraordinaire quand il s'agit de nous tracer une route à notre mesure, une route où on risque moins de s'égarer. Il possède également, de par son élévation, une énergie puissante. Il pourra nous la transmettre au moment voulu et selon la quantité qui nous sera nécessaire pour nous supporter tout au long de notre route. Le maître représente un outil qui a été mis sur notre route par la vie. **Il ne doit jamais devenir une fin en soi, sinon il suscitera l'adoration pour ce qu'il est plutôt que pour ce qu'il représente.** Quand il nous aura légué toute sa sagesse, il nous laissera aller et nous incitera à devenir notre propre maître. Il nous aura donné tous les moyens pour le faire. Nous devrons alors abandonner derrière nous tout ce que nous avons appris et expérimenté. Nous nous trouverons à ce niveau supérieur de conscience où le maître n'aura peut-être plus sa raison d'être. Nous commencerons dès lors tout simplement à **être** et à vivre dans la conscience divine.

Un des grands buts auxquels aspire le chercheur de vérité est de se connaître lui-même. **On ne peut aimer vraiment les autres sans avoir appris préalablement à s'aimer soi-même.** Il faut donc connaître toutes les facettes de sa personnalité, savoir d'où l'on vient et où l'on va, quels sont ses qualités et ses défauts, ses forces et ses faiblesses avant de pouvoir aspirer à la connaissance des autres et de l'univers qui nous entoure. Apprendre à se connaître vraiment demande au chercheur beaucoup de silence, de neutralité et d'humilité (car on découvre parfois chez soi des facettes un peu moins reluisantes), un jugement éclairé et, par-dessus tout, un désir honnête de grandir coûte que coûte, quelles que soient les embûches qui nous attendent. On est souvent porté à sauter des étapes dans ce domaine de la spiritualité. Mais une chose est sûre: c'est qu'on ne pourra jamais vraiment aider quelqu'un si on n'est pas d'abord bien dans sa peau. On transmet toujours ce que l'on est, et non ce qu'on voudrait être.

Notre cerveau possède une telle puissance que, si on savait l'utiliser au maximum, le mot «impossible» disparaîtrait de notre vocabulaire. Nous ne connaîtrions plus la maladie, nous aurions tout pouvoir sur la nature et sur les animaux et nous aurions la possibilité de créer, en une fraction de seconde, l'harmonie totale sur terre. On est bien loin de là! En effet, **certains chercheurs estiment qu'on n'utilise qu'environ 5 % de notre capacité mentale...** et on se croit encore des génies! Il faut prendre conscience de ses carences lorsqu'on veut s'élever. Heureusement qu'il y a des techniques de croissance personnelle et de prise en charge de sa vie qui nous sont aujourd'hui largement offertes. Celles-ci nous permettent d'augmenter ce pourcentage, si bien que, dans quelque temps, les mouvements de pensée positive commenceront à réellement porter fruit et à se refléter sur la société. Auriez-vous peur de vous laisser entraîner dans ce tourbillon de la connaissance de soi? N'hésitez pas une seconde à le faire, sinon, dans quelque temps, vous ne comprendrez plus rien à ce qui se passe sur la terre. L'ignorance, a-t-on dit un jour, est le pire des fléaux. Ne vous y laissez pas enliser.

Pourquoi Dieu n'apparaît-il pas un beau jour sur terre dans toute sa puissance pour y rétablir l'équilibre et l'harmonie d'un seul petit coup de baguette? Paul Twitchell, un écrivain que j'estime beaucoup, nous fournit à ce propos une très bonne explication: «À cause de ses vibrations extraordinairement raffinées, l'Esprit ne peut contacter aucun des mondes matériels sans se servir d'un instrument adéquat. C'est pourquoi Dieu ne peut pas se manifester sur ces plans matériels, ou apparaître aux hommes dans le but de les instruire. Il a besoin d'anges, d'archanges et d'autres êtres pour servir Sa cause à travers toute la Création et dans tous les univers.» **Dieu a donc toujours besoin de «canaux» pour descendre jusqu'à nous.** Il faut tout simplement apprendre à les reconnaître et, encore mieux, à les devenir!

Beaucoup d'entre nous ont développé cette fâcheuse habitude de toujours compter sur l'extérieur, sur un sauveur par exemple, pour se sortir d'une impasse. Combien de gens attendent encore passivement la venue d'un Messie qui les extirpera, on ne sait guère comment, du bourbier dans lequel ils se sont eux-mêmes enlisés? Ces mêmes personnes continuent malgré tout à s'enfoncer dans leurs mauvaises habitudes, croyant naïvement que, de toute façon, le Sauveur en question fera tout le travail pour eux. Ils ne sont que de pauvres pécheurs, leur a-t-on dit, indignes et subalternes... Cette façon de penser, qui appartient à l'ère des Poissons dont nous sortons lentement, n'a plus sa raison d'être pour la personne qui veut faire un pas en avant. Je suis fortement convaincu que **nul autre que l'homme lui-même ne le sauvera du pétrin dans lequel il s'est mis.** Si Dieu veut bien nous envoyer de l'aide, c'est parfait; mais nous devons dès maintenant commencer à effectuer le travail, d'abord chacun de son côté puis tous ensemble, lorsque nous aurons atteint le minimum de maturité nécessaire pour contribuer au bien commun. Et vous, attendez-vous encore que l'on vous sauve? Êtes-vous prêt à réagir au lieu de toujours subir?

Le «Christ» est un état de perfection dans lequel baignent continuellement les grandes âmes. Lorsqu'une personne atteint le nirvãna, lorsque son bonheur et sa sérénité sont parfaits, lorsqu'elle est devenue UN avec le Divin, elle est submergée de cette énergie christique qui est la plus extraordinaire force qui soit. Les grands mystiques ont souvent décrit cette dernière comme un état suprême de béatitude. **Quand ce Christ vient en nous, notre connaissance devient sans borne; on peut guérir un être d'un seul regard, par notre seule présence,** car on a la sagesse et le pouvoir d'aimer sans condition. Jésus a été animé de cette énergie durant toute sa vie publique. Chacun de nous peut aspirer à la recevoir. Il s'agit simplement de s'en croire digne et de commencer dès maintenant à rechercher la sérénité en tout.

Le sens de l'humour est l'apanage des plus grands sages. Il était présent chez tous les maîtres les plus éclairés que j'ai rencontrés. Le sens de l'humour est complètement à l'opposé de la vanité. Il constitue donc un excellent moyen de la transcender. **Avec l'humour, tous les messages, même les plus profonds, peuvent transpercer les cœurs les plus hermétiques.** C'est vraiment le langage universel. Si vous aspirez à transmettre un jour vos connaissances, il serait essentiel que vous appreniez dès maintenant à vous servir de plus en plus de cet instrument. Je ne connais personne qui n'ait aucun sens de l'humour. Celui-ci peut simplement être voilé par les masques portés par un ego un peu trop imbu de lui-même, un ego rempli de vanité et d'orgueil. Il n'y a personne, non plus, qui puisse résister à la puissance de l'humour, car, plus subtil que l'air, il finit toujours par s'infiltrer dans la plus étanche des carapaces en utilisant la moindre faille. Apprenez donc, en tout premier lieu, à rire de vous-même, à ne pas vous prendre trop au sérieux. Mettez de l'humour dans votre vie et tout prendra un sens nouveau!

Les couleurs revêtent une extrême importance dans nos vies, non seulement à cause de leur côté esthétique mais aussi à cause de l'influence qu'elles exercent sur nos comportements et sur nos états d'âme. Le rouge, par exemple, apporte à la personne qui le porte la force et l'énergie nécessaires pour foncer. Le vert exprime la guérison et la compassion pour les autres. Le bleu pâle, c'est le calme, la paix et la tranquillité. Pour le jaune, c'est la sagesse et l'énergie divine pure et dorée. Quant à l'orange, c'est au niveau émotionnel que cette couleur agit tandis que le blanc, qui comprend toutes les couleurs, contient toutes ces qualités réunies. Le noir est la couleur de la clairvoyance; le mauve, celle de la spiritualité. Ces caractéristiques sont bien personnelles à chacun. **Chaque couleur peut changer de signification, suivant l'état d'âme dans lequel on se trouve.** Ne vous laissez donc pas influencer par les interprétations des autres. Seule l'expérimentation du «senti» que chaque couleur vous apporte vous permettra de trouver ce qu'elle signifie pour vous.

Un «mantra» est un mot ou une expression sacrés, habituellement écrits en langue sanskrite. La vibration produite par les lettres et le sens de ce mantra élèvent la personne qui le prononce vers des dimensions supérieures, à un niveau propice à la méditation, par exemple. Ces mantras, récités depuis des décennies par des millions de gens qui prient et qui méditent, forment un égrégore, c'est-à-dire qu'ils se rassemblent par affinités dans une sorte de gros nuage étincelant qui «flotte» dans l'atmosphère. **Aussitôt que l'on prononce un mantra, on entre en contact avec l'égrégore qui le contient.** On peut alors profiter à l'instant même de toute l'énergie qu'il dégage. Il y a de nombreux mantras, et tout le monde peut les utiliser. Si on conserve précieusement son mantra personnel en le gardant secret, cela peut nous isoler des autres, et on sait que tout, aujourd'hui, doit tendre vers l'ouverture. Les secrets, mythes et mystères appartiennent au passé... Dans les mantras les plus connus, il y a le «Om», le «Om Namah Shivaya» (j'honore la partie divine en moi), le «Ram», le «So-Ham», et bien d'autres tout aussi valables les uns que les autres. Prenez celui qui vous convient et laissez-le accompagner toutes vos actions. Récitez le mantra au rythme de votre respiration et vous serez en constant état de méditation.

J'ai encore souvenir de cette époque de ma jeunesse où, par conviction religieuse et esprit de mortification, je cherchais à plaire à Dieu et à gagner ainsi des indulgences par la pratique de la mortification. Je mettais sous ma ceinture et dans le fond de mes souliers, sous l'arche du pied, des punaises dont la pointe acérée était tournée vers la peau. Chacun de mes mouvements provoquait une douleur que, dans ma naïveté d'enfant, j'accueillais comme un hommage à Dieu. C'était la mode en ce temps-là, et on m'encourageait à le faire. L'ère des Poissons, que l'on quitte heureusement, était pavée de ce genre de croyances. Aujourd'hui, le corps est considéré comme un outil divin privilégié auquel on doit apporter le plus grand soin afin qu'il nous serve le mieux possible. **La pratique de la mortification de même que l'ascétisme outrancier appartiennent maintenant au passé.** Si, comme moi, la souffrance a été votre lot durant des années, il serait peut-être temps de renverser la vapeur et d'accepter la possibilité d'évoluer désormais dans la plus simple joie de vivre.

Quoique l'on en pense, le suicide est un acte qui demande beaucoup de courage. Ceux qui le commettent sont tellement malheureux et imprégnés de leurs problèmes qu'ils ne peuvent concevoir comment ils pourraient continuer leur route. Marie Bolduc, dans son merveilleux livre intitulé *Paroles de Lumière,* dit ceci: «**Autour d'eux, souvent les mains se tendent, mais ils ne les voient pas!** Que de peurs et de chagrins dans ces âmes qui ne peuvent résister à l'attrait de la mort pour se délivrer de souffrances devenues inhumaines. La mort est leur dernière solution. C'est celle qu'ils ont choisie, croyant — à tort — se délivrer de leurs tourments. Mais le suicide ne fait que multiplier le désespoir vécu sur terre. Ne les blâmez pas car dans le fond de leur cœur, ils n'ont que des regrets, pour ce qu'ils sont, pour ce qu'ils auraient voulu être, pour la force qu'ils n'ont pas eue, pour ne pas avoir fait suffisamment d'efforts, pour ne pas avoir changé leur vie lorsque l'opportunité s'est présentée.»

Une des lois les plus utiles quand vient le temps de décider de ce qui est bon ou non pour nous, est celle du «juste milieu», du gros bon sens, du parfait équilibre en tout. En la mettant en pratique, on peut atteindre rapidement la sagesse en profitant de tout, mais en n'exagérant en rien. **Tout ce qui existe et nous est offert par la destinée peut avoir une utilité certaine dans nos vies.** Il s'agit d'en retirer les bienfaits, sans en abuser. Le Bouddha lui-même a confirmé cette règle. Il a d'abord pratiqué la mortification la plus extrême, au point d'y perdre presque la vie. Il adopta ensuite la voie du juste milieu en tout, trouvant que la modération lui apportait le succès. Car si une personne, peu importe qui elle est, essaie de faire quoi que ce soit en dehors du juste milieu, elle risquera fortement d'avoir des ennuis. Vous arrive-t-il de refuser une petite ou une grande joie que vous offre la vie en estimant que vous n'en êtes pas digne ou que cette joie serait néfaste à votre développement? **Seul l'abus peut créer la disharmonie.** Dans l'équilibre sied la sagesse.

Il nous faut apprendre à nous connaître nous-même, à déterminer ce qui est bon ou mauvais pour nous, à maîtriser le flot incessant de nos pensées et à nous détacher des soubresauts de nos émotions. Alors seulement, **nous pourrons pratiquer la philosophie dite du «néant» nous contentant d'être UN avec Dieu,** de vivre au quotidien simplement dans la conscience divine. Nous cesserons alors de poursuivre inlassablement la Lumière et la Vérité au moyen de pratiques religieuses ou spirituelles. Nous saurons que nous baignons dedans depuis notre naissance et que ce n'est pas uniquement avec l'intellect que nous pouvons apprendre à nous en servir. Rendu à ce point de non-retour de notre cheminement, tout enseignement reçu sera naturellement mis de côté, toute chose apprise à propos de la vie matérielle et spirituelle sera retirée de notre mental. Nous ne renierons pas nos connaissances passées mais nous les vivrons, tout simplement. En seriez-vous rendu à cette étape?

Les anges gardiens existent vraiment. Ils sont beaucoup plus réels et plus proches de nous que ne le suggéraient les petites images que l'on nous donnait dans notre jeune âge pour nous récompenser d'avoir bien agi. Combien d'enfants persistent à jouer avec ardeur et durant des heures avec leur «petit ami invisible», même quand leurs parents leur disent que ce dernier n'est que le fruit de leur imagination? **Les jeunes enfants «voient» et sentent l'invisible de façon très naturelle.** Ce n'est que lorsque leur intellect commence à se développer qu'ils perdent généralement cette faculté. Si vous êtes prêt à reprendre contact avec ce guide qui est à vos côtés depuis votre naissance afin qu'il vous aide dans votre évolution quotidienne, commencez d'abord par reconnaître son existence. Ensuite, parlez-lui, donnez-lui un nom; demandez-lui de se placer tout près de vous, à votre gauche ou à votre droite, par exemple; puis, par le dialogue intérieur, apprenez à vous apprivoiser tous les deux! Votre ange gardien agit comme le messager entre les plans physique et spirituel. Il transportera vos prières jusqu'au ciel si vous lui en faites la demande et il vous apportera toute l'aide nécessaire au moment où vous en aurez le plus besoin. Sachez aussi le remercier, car il est l'ami le plus fidèle et le plus intime que vous puissiez avoir.

On a souvent l'impression de ressentir dans notre propre chair des maux qui proviennent de l'extérieur de nous, d'être agressé psychiquement par certaines personnes, soit à la suite d'un contact plus ou moins direct, soit lorsque nos pensées nous ramènent vers elles. Il s'agit là d'un phénomène très courant qui, pour la plupart d'entre nous, fait partie de la réalité de tous les jours. On ne peut le contrer qu'en s'élevant spirituellement, ce qui nous protégera de toute perturbation extérieure. En tant qu'êtres humains vivant sur la même planète, nous sommes tous en constante interrelation, en contact les uns avec les autres. **L'élévation spirituelle devient donc le moyen le plus efficace pour empêcher toutes les énergies extérieures disharmonieuses de nous déranger.** Le premier état d'âme à développer est d'arrêter de se sentir vulnérable. La personne qui a atteint les hauteurs de la liberté de conscience ne craint plus d'être blessée par les flèches lancées par les autres. Ce n'est pas un cliché que de dire que l'on est à la merci du seul pouvoir que l'on donne aux autres sur nous. Affirmez plutôt votre propre importance et développez en vous cette certitude qu'aucun être ne peut vous influencer, à moins que vous ne lui en donniez le pouvoir.

L'endroit où l'on vit, le travail que l'on fait, l'entourage dans lequel on se meut sont les conditions les plus propices à notre développement dans le moment présent. C'est notre «terrain saint», comme le qualifiait Paul Twitchell dans *Eckankar*. Une histoire explique bien ceci. Un vieux sage était assis avec quelques disciples en bordure d'une route, regardant passer des pèlerins qui se rendaient sur la tombe d'un grand saint afin de s'y recueillir. Un jour, un des disciples soutint qu'il pourrait recevoir l'Illumination plus rapidement s'il faisait lui aussi le pèlerinage, au lieu de rester assis là en silence. Et il partit. Après quelques mois, il revint, rempli d'humilité. Il s'assit auprès du sage et reconnut qu'il avait eu tort de prendre cette décision. Il n'avait rien reçu de plus là-bas. Le vieux sage sourit et dit: «Dieu est omniprésent et, par conséquent, **tous les terrains sont sacrés et saints;** mais cela dépend de la réalisation de Sa présence, et cela est en toi, mon fils.» Soyez donc bien, là où vous êtes, maintenant!

Ce que l'on rencontre à l'extérieur de soi n'est, la plupart du temps, que le reflet de ce que l'on projette. Si on baigne constamment dans la tristesse, on ne croisera sur notre route que des gens chagrinés, qui nous parleront de leurs malheurs et de l'injustice de la vie à leur égard. Si nous nous complaisons dans nos maladies, il ne se passera pas un jour pour que ne vienne vers nous quelqu'un qui nous entretiendra de ses malaises et de toutes les disharmonies qui en découlent. Par contre, **si on aspire à la joie, on entendra toujours chanter autour de soi.** Même les oiseaux sembleront exécuter de mirobolantes symphonies juste pour nous. Si on offre aux autres un sourire compatissant, ceux-ci ne viendront pas déposer leur mal-être sur nos épaules. Ils viendront plutôt puiser en notre présence l'énergie nécessaire pour sourire à leur tour. Pensez-y la prochaine fois que vous aurez envie de sombrer un peu trop longtemps dans la morosité.

Les masques que l'on porte dans telle ou telle circonstance n'ont souvent pour but que de nous faire aimer pour ce que l'on n'est pas, ou encore pour ce que l'on n'a pas le courage d'être. Si vous empruntez le visage de l'honnêteté alors que dans le fond, vous manœuvrez dans le sens contraire, c'est signe que vous avez effectivement cette qualité à acquérir. **Les masques doivent donc tomber un à un, en laissant leur empreinte profonde et authentique sur les traits qui les ont momentanément portés.** Vous voulez avoir l'air doux et serein alors qu'au-dedans de vous, le tonnerre gronde? Laissez donc passer l'orage avant qu'il détruise tout, en vous et autour de vous; cultivez ensuite la douceur et la sérénité. Au lieu de vous culpabiliser parce que vous avez porté des masques qui cachaient votre véritable nature, servez-vous plutôt de cette expérience pour connaître les qualités que vous devez acquérir. Quels que soient les défauts dont on est affligé, il est toujours possible de les transcender pour les transformer en qualités. Le seul problème, c'est qu'on a tant de difficulté à les voir! Quels masques portez-vous pour vous faire aimer? Sont-ils vraiment nécessaires pour attirer désormais l'amour vers vous?

La créativité est donnée à tout le monde. Il n'y a pas un seul être sur la terre qui n'ait quelque part en lui un talent particulier qu'il peut exprimer d'une façon ou d'une autre. Mais, par fausse modestie ou par manque de confiance en soi, il n'osera jamais penser qu'il puisse faire quelque chose d'unique. Si vous croyez que vous n'êtes bon en rien, que la peinture, la musique, l'écriture, la communication ou le théâtre sont des domaines n'appartenant qu'aux autres et où vous n'aurez jamais la moindre chance d'exceller, il est grand temps de réagir. Vous êtes peut-être en train de vous enliser dans ce qu'on pourrait appeler de la «médiocrité chronique.» **Créer, sortir de la masse, faire un pas de plus, c'est ça, vivre vraiment.** Si vous ne laissez pas s'exprimer votre créativité, vous deviendrez vite fade et sans vie. Demandez-vous donc en quoi vous pourriez être créatif. Si on vous en donnait la possibilité, quel serait votre passe-temps favori? Si vous pouvez fournir des réponses précises à cette question, vous êtes assurément sur la bonne piste pour découvrir en vous des joyaux...

Nos manières d'agir et de penser ont contribué à former une société immature. Il en résulte que nous sommes souvent tenté de laisser les autres régler les problèmes ou de nous faufiler par la porte arrière pour ne pas y faire face. L'augmentation des séparations et des divorces est peut-être une preuve que cette facilité nous a rejoints peu à peu. Il est hors de question d'en conclure automatiquement que le divorce est un signe d'immaturité. Mais il ne faut pas nier non plus que certains se servent de cette échappatoire comme d'une porte de sortie honorable pour faire s'évanouir tous leurs problèmes... ce qui n'est pas toujours le cas. En effet, on constate que **si une personne n'a pas bien appris sa leçon dans un premier mariage, la prochaine relation qu'elle nouera se fera très souvent avec le même genre de partenaire.** Elle poursuivra ainsi son cheminement, mais peut-être avec plus de facilité cette fois. La maturité, c'est donc l'équilibre en tout; c'est aussi la constance dans l'effort et la capacité de travailler positivement dans un groupe, ou dans un couple.

Vous ne pouvez changer le passé mais avez par contre la possibilité de vous en servir afin de transformer le présent et de vous façonner un futur meilleur. Comme tout est expérience et que **rien n'est ni bien ni mal, en dehors de l'interprétation que l'on en fait,** il n'est jamais utile de regretter nos actions passées ni de s'en sentir coupable jusqu'à la fin de nos jours. Aux yeux du Créateur, la meilleure façon de réparer le tort que l'on a pu causer par nos actions antérieures, c'est de s'en servir comme d'un phare pour éclairer nos actions présentes. Avez-vous vécu une relation amoureuse décevante? Au lieu de vous y complaire et d'en tirer de la souffrance, de la culpabilité ou de la vengeance, pourquoi ne pas vous en servir pour améliorer la suivante? Qu'avez-vous fait dans cette relation que vous pourriez maintenant changer afin qu'une telle situation ne se reproduise plus? Quelle leçon de vie le dernier événement décevant que vous avez vécu pourrait-il vous apporter?

Est-ce que votre vie actuelle est tellement ardue et demande tant d'efforts que vous deviez vous heurter constamment, et souvent pendant des années, à toutes sortes d'épreuves avant d'atteindre un but? Si oui, c'est peut-être que l'éducation reçue pendant votre jeunesse vous a programmé dans le sens qu'il fallait travailler très fort pour réussir, qu'il était nécessaire d'«en baver» pour atteindre quelque objectif que ce soit. Cette programmation, vous la matérialisez maintenant, en étant convaincu que la vie est une bataille constante qu'il faut mener à la sueur de son front. Un jour, vous verrez des gens atteindre les mêmes buts que vous en dix fois moins de temps et en éprouvant dix fois moins de difficultés. Vous mettrez ça sur le dos de la chance, en plus de leur dire qu'ils devront payer ça, un jour! Mais non, il n'en est rien! C'est tout simplement que leurs parents sages et optimistes leur ont dit que **dans la vie, il fallait s'amuser, qu'il y avait de la place, de l'argent et de la joie pour tous.** Et vous, à quelle catégorie appartenez-vous? Il est toujours temps de changer de camp. Il ne s'agit que d'en affirmer le fervent désir. La Vie s'occupera du reste!

Certains se plaignent de l'état actuel de la planète, des bouleversements qui la perturbent et de la façon de penser négative de ses habitants. Ce n'est un secret pour personne que notre bonne vieille Terre ainsi que les gens qui l'habitent sont en bien piètre état. Mais ce qui est extraordinaire, par contre, c'est de constater que **cette époque où l'on vit nous oblige à avancer, à évoluer et à modifier complètement notre façon de penser.** Un jour, j'ai entendu dire que des milliers et des milliers d'âmes se trouvaient aux portes de la dimension terrestre, y attendant la chance de naître et d'emprunter ainsi un corps physique afin de pouvoir passer, en même temps que la Terre, une merveilleuse initiation avant d'entrer dans un monde meilleur. Donc, au lieu de voir négativement ce qui se passe actuellement, remercions le Ciel de nous avoir envoyé dans ce lieu où nous sommes afin de n'avoir d'autre choix que de parfaire notre évolution.

L'évolution de l'homme passe par des étapes bien précises. La première, celle de la **passivité** et de **l'inaction**, se situe juste un peu au-dessus de l'état animal. La seconde, un peu plus élevée, est représentée par **l'ambition**. L'être rendu à ce point est marqué par l'attrait du pouvoir, la recherche des biens matériels et le désir d'être le premier. La troisième étape est celle de **l'inspiration**. La personne sent alors en elle le désir de s'élever. Il en ressort une expression créatrice sous toutes ses formes et un besoin de se faire aimer et apprécier. La quatrième est celle de **l'amélioration**: désir d'être mieux dans sa peau, intérêt constant dans la croissance personnelle et accumulation de connaissances spirituelles. Enfin, la dernière étape, celle de **l'aspiration**, vise à rejoindre son âme et, à travers elle, Dieu Lui-même. Où en êtes-vous dans cette échelle de l'évolution? Un bon bout de chemin est fait, n'est-ce pas? Ce n'est surtout pas le temps de lâcher!

Autre pays, autres mœurs, dit le proverbe et c'est bien vrai, même dans les méthodes utilisées pour s'élever spirituellement. Ici, en Occident, on a souvent tendance à imiter aveuglément toutes les techniques orientales et à les appliquer intégralement dans notre vie, sans avoir pris soin de les adapter au préalable à notre façon de vivre. En Inde, par exemple, un yogi peut se promener durant des années à travers le pays, dans le plus grand détachement, en mendiant sa subsistance et en trouvant toujours un refuge dans la méditation et la solitude. Vous pouvez facilement constater que cette façon d'agir est propre à ce pays et qu'elle serait difficilement applicable ici. **Apprenons donc à adapter au lieu d'imiter; on se sentira plus à l'aise.** La route sera moins ardue mais les résultats seront les mêmes.

Quel est le véritable but visé lorsque nous méditons? Qu'est devenue pour nous cette pratique depuis que nous l'exerçons? Une habitude? Un refuge? Une évasion? Une occasion d'exhiber notre maîtrise sur notre mental? **La méditation est d'abord et avant tout un outil grâce auquel on peut entrer en nous pour prendre contact avec notre vieux sage intérieur,** notre partie divine. Ce n'est pas un sport ni une forme de compétition où l'on se doit de «performer» jour après jour. Sa fin, c'est la paix intérieure et le contact divin. Son but ultime serait d'en arriver à un état d'esprit constant qui accompagnerait toutes les actions de notre quotidien. Le plus grand sommet qu'elle pourrait nous faire atteindre serait de ne plus avoir à méditer pour être en état de méditation!

Quand devient-on parfait? Qui ne s'est jamais posé cette question! La *Bhagavad-gita*, source de grande sagesse, nous dit à ce sujet: «Qui a maîtrisé le mental, et ainsi gagné la sérénité, a déjà atteint l'Âme suprême. La joie et la peine, le froid et la chaleur, la gloire et l'opprobre, il les voit d'un même œil.» (Verset VI:7) Un peu plus loin on peut lire: «On appelle une âme réalisée l'être à qui la connaissance spirituelle et la réalisation de cette connaissance donnent la plénitude. Il a atteint le niveau spirituel et possède la maîtrise de soi. D'un œil égal, il voit l'or, le caillou et la motte de terre.» (Verset VI:8) **On ne devient donc parfait qu'après être passé de la connaissance intellectuelle des textes sacrés à leur réalisation.** Tout ce qui est appris avec la tête doit être expérimenté et descendre au niveau du cœur pour y être définitivement absorbé.

Les sciences dites ésotériques comme l'astrologie, la numérologie et bien d'autres ont beaucoup évolué depuis des siècles. En quelques décennies, elles sont passées de pratiques hermétiques et divinatoires à des moyens universels de croître et de vivre plus intensément. Elles ne sont pas là pour prédire l'avenir, quoique certaines personnes les utilisent encore à cet effet. Leur rôle actuel en est un de prévention, de mise en garde et de suggestions concernant les outils de travail susceptibles d'aider la personne à passer avec succès les petits tests que lui envoie la vie pour grandir. Tout astrologue ou numérologue consciencieux vous confirmera que **les astres comme les chiffres ne font que proposer; ils ne disposent jamais.** Ces sciences, si elles sont mises entre les mains de gens responsables, prépareront un terrain propice pour que vous puissiez y cheminer plus à l'aise, conscient des embûches qui vous attendent et des moyens à prendre pour les éviter ou en tirer parti.

Vous qui avez vécu de près ou de loin un suicide, dans votre famille ou dans votre entourage, vous savez tout le lot de malheur qu'entraîne avec lui le mot «culpabilité». «Qu'est-ce que j'aurais pu faire pour éviter que ça n'arrive?» Voilà la question qui hante pratiquement tous les gens qui ont vu ce drame les toucher de près. **Lorsqu'une personne se suicide, la responsabilité lui incombe entièrement; c'est elle qui fait que les regrets sont si intenses et que l'inévitable se produit.** Marie Bolduc, dans *Paroles de Lumière,* rajoute ceci: «Mais ne vous rendez pas coupables. Celui qui a décidé de se suicider n'entend plus les autres. Ironiquement, il devient centré sur lui-même et se sent rejeté de tous.» Vous avez fait de votre mieux, c'est tout ce qui compte aux yeux du Créateur. Cessez donc de vous replier sur vous-même et concentrez plutôt vos énergies à prier pour que l'âme du disparu retrouve au plus vite l'espoir d'une nouvelle vie...

Un jour que j'étais en voyage dans une île paradisiaque réchauffée par un soleil enveloppant et peuplée de gens souriants, je ne pouvais que m'émerveiller chaque fois que je me déplaçais ou que je jetais un regard sur ce qui m'entourait. Voyant un palmier majestueux, je m'arrêtai pour me gaver de sa beauté. Au contact du vent chaud sur ma figure, je fermai les yeux de bonheur et j'en captai toute la paix. À ce moment, je compris que cet émerveillement devant toute chose était la plus belle façon de rendre grâce à Dieu, plus grande que mille prières et mille rituels réunis. Remercier le Créateur, c'est beaucoup plus s'extasier devant Sa création que Le louanger béatement du bout des lèvres. **Apprenez à savourer la vie et toutes les perles qu'elle vous permet de toucher.** Remerciez l'Être suprême chaque soir. Que votre dernière pensée avant de vous endormir en soit une de gratitude.

Aujourd'hui, vous voulez faire quelque chose d'extraordinaire, sans que ça vous coûte trop cher? Voici ma suggestion! Essayez de passer votre journée dans la joie d'être, seulement «être». Aucun projet, aucune obligation. **Faites-en votre journée «zéro». Soyez bien dans tout ce que vous exécutez:** en faisant la vaisselle ou vos courses à l'épicerie, en préparant le repas, en pensant à la méditation que vous allez faire. «Être» signifie conscientiser chaque respiration, savourer chaque bouchée de nourriture, laisser entrer les images par ses yeux sans jamais porter de jugement, permettre à la musique de glisser en soi puis de ressortir à sa guise, dire à un ami qu'on l'aime sans s'attendre qu'il fasse de même, etc. Ces journées dédiées à goûter pleinement à la vie sont les plus belles thérapies que vous puissiez vous offrir. À quand votre prochaine?

Vous vous êtes oublié depuis des années et vous commencez à peine à penser à vous, à vous gâter un peu? Voici une façon de commencer chacune de vos journées pour vous aider dans votre démarche. En vous levant le matin, inscrivez dans un cahier spécialement prévu à cet effet la phrase suivante: **«Qu'est-ce que j'ai le goût de faire aujourd'hui pour en retirer de la joie?»** Pensez-y quelques instants, pas plus, afin que votre intellect ne vienne pas semer le doute en vous faisant peser le pour et le contre de votre réponse. Inscrivez ensuite vos trouvailles, une ou deux, pas plus, pour ne pas trop vous éparpiller. Ne vous couchez pas le soir avant d'avoir réalisé vos souhaits. Simple, n'est-ce pas? Il fallait y penser! Vous méritez bien ça. Soyez constant dans la mise en pratique de ce processus et il deviendra rapidement une habitude très fructueuse pour vous comme pour votre entourage.

Quand on consulte un thérapeute afin qu'il nous aide à traverser une étape difficile de notre vie, on ne peut évidemment s'attendre à des miracles si on n'a pas préalablement pris la ferme décision de se prendre en main. En effet, la personne que vous consulterez ne vous dira pas quoi faire dans telle situation, mais plutôt ce qu'elle ferait si elle-même était à votre place dans une circonstance semblable. Comme chacun traîne dans son inconscient de nombreux et très différents bagages, **il n'y a jamais un problème qui se réglera de la même manière pour chacun.** Il peut y avoir des similitudes, des points communs, mais ça s'arrête là. C'est dans cette optique que vous devez accueillir l'aide que l'on vous offre, en tant que moyen de vous en sortir plus facilement, et par vous-même. N'attendez d'un thérapeute rien d'autre qu'un support complémentaire à votre travail. C'est vous qui, par votre implication, déciderez du résultat de votre démarche.

Pourquoi les grands de ce monde vivent-ils dans des endroits luxueux? Pourquoi certains gourous siègent-ils dans des ashrams mirobolants? Pourquoi les grands sages, même s'ils n'en ont aucunement le désir, sont-ils inondés de cadeaux par leurs disciples? C'est bien simple. **Quand on possède une pierre précieuse, on ne la conserve pas dans une vieille boîte toute rouillée, mais dans un écrin en or.** Si vous possédez une perle, vous voulez naturellement la choyer et lui rendre les honneurs qu'elle mérite. C'est ainsi que l'on doit voir les beautés et les richesses qui entourent les grands de ce monde. Et ceci s'applique également à nous-même. Si nous nous aimons assez pour remarquer la perle rare que chacun porte en soi, n'est-il pas normal que nous cherchions à nous entourer des plus belles choses? La richesse intérieure peut faire très bon ménage avec l'aisance matérielle, pour autant qu'il ne se crée aucun attachement excessif entre les deux.

L'être humain actuel a développé un don: celui de compliquer les choses. Dès sa plus tendre enfance, il cherche à tout analyser et quand il avance en âge, c'est son intellect qui s'en mêle (on pourrait dire «s'emmêle»!). Le sage est un homme simple qui se contente de constater; il n'analyse plus. Un jour ou l'autre, vous aurez vous aussi à retrouver la simplicité des choses. Aussi bien commencer dès maintenant. Il est un bon exercice quotidien qui consiste à **simplifier au moins une chose par jour dans sa vie.** Pas seulement sa façon d'exécuter les tâches, mais aussi son mode de pensée. Cette technique peut paraître ridicule, mais essayez et vous verrez que ce n'est pas si... facile. Simplifiez tout, de vos méthodes de travail à votre façon de méditer et de prier. Tout peut s'améliorer par la simplicité; il s'agit d'être persévérant et de s'amuser là-dedans. Cet exercice est très agréable à faire en couple ou entre amis. Chacun y met alors son grain de sel et des solutions surprenantes peuvent être trouvées. C'est également une excellente occasion de développer la maturité nécessaire pour assurer la collaboration entre les êtres.

La vie est comparable à un grand fleuve à la surface duquel des millions de matelots naviguent, chacun sur son petit bateau. Certains zigzaguent, sans trop savoir où ils vont; d'autres, la sueur au front et toujours au bord de l'épuisement, rament à contre-courant. D'autres aussi se suivent l'un l'autre comme de petits canards. Si le matelot de tête tourne à droite, ils font de même; s'il bifurque à gauche, ils le suivent sans se poser de questions. Les véritables chercheurs de lumière, eux, naviguent en plein milieu du cours d'eau. **Ils forment un joyeux groupe de navigateurs qui se supportent mutuellement.** Ils se laissent entraîner par le courant de la vie qui les guide vers cet océan infini qu'ils atteindront un peu plus tard. Leur seule préoccupation est de garder leur embarcation en équilibre et dans le sens du mouvement des eaux. Et vous, où vous situez-vous sur ce fleuve? Êtes-vous porté à ramer parfois à contre-courant? Êtes-vous fatigué de vous battre contre les mouvements de la vie? Ne serait-il pas plus sage de vous y abandonner?

La vie est un grand jeu dont nous sommes simplement les acteurs. Nous avons chacun un rôle important à jouer dans cette pièce de théâtre universelle dont le metteur en scène est l'Éternel Lui-même. Quoi de plus vrai? Hélas, certains oublient bien vite cette réalité! Ils deviennent tellement sérieux, vaniteux et obsédés par le rôle qu'ils jouent qu'ils finissent justement par se prendre pour ce personnage, oubliant qui ils sont vraiment. **Le but premier d'un jeu éducatif est de nous faire apprendre tout en nous amusant,** et c'est ce qu'il faut garder constamment en tête. Il est essentiel de se rappeler régulièrement cette vérité et de reprendre contact avec notre vrai MOI. Ensuite, nous pourrons permettre au personnage qu'il incarne, notre ego, de s'amuser un peu plus dans l'exécution de son travail sur scène. Avez-vous tendance à vous prendre un peu trop au sérieux? Aujourd'hui, regardez-vous agir d'un œil détaché et prenez conscience de votre véritable rôle!

Combien de thérapeutes et de personnes œuvrant en relation d'aide ont ruiné leur santé en se donnant trop ou en s'oubliant parce qu'ils ne savaient pas dire non à la souffrance! Pourtant, voilà bel et bien ce qu'ils ont récolté en abandonnant aux autres une part trop grande d'eux-mêmes. **L'amour des autres commence par l'amour de soi.** J'ai très longtemps cru qu'il était égoïste de penser d'abord à moi, et à cause de cela, j'ai eu mon lot de malheurs. Mais, après maintes leçons qui m'ont été servies par la vie, j'ai compris que ce n'était pas avec une mine déconfite que je pouvais relever le moral de quelqu'un. J'ai également pris conscience que lorsqu'on ne dispose que d'une toute petite réserve d'énergie, on ne peut en distribuer aux autres sans s'affaiblir soi-même. Vous êtes l'être le plus important du monde entier, ne l'oubliez jamais! N'est-il pas évident que vous ne pourriez pas aider grand monde si vous étiez cloué sur un lit d'hôpital? **L'amour qui se dégage de votre sérénité est le meilleur des guérisseurs.**

Aujourd'hui, vous voulez vous donner un petit défi tout à fait profitable? Eh bien! essayez de ne voir que la partie divine qui est à la source de la beauté de tous les êtres que vous rencontrerez et de toutes les choses avec lesquelles vous serez mis en contact. **Chaque personne a une étincelle divine au plus profond d'elle-même** et des qualités que parfois elle ne reconnaît pas elle-même. C'est ce Dieu que vous devez admirer en chacun des êtres et vous ne devez laisser aucun défaut Le masquer à vos yeux. Ce qui veut dire que si vous croisez au bureau l'être le plus vil que vous connaissiez, vous devrez voir quand même en lui... devinez qui?... Dieu! Tout un programme, n'est-ce pas? Il en est ainsi pour les choses, en partant du simple crayon jusqu'à l'automobile que vous conduisez. Tout est de nature divine et doit être, par conséquent, traité avec respect. En rencontrant quelqu'un, saluez son âme du fond de votre cœur, quelle que soit la personnalité qui la masque. Remerciez la chaise qui vous supporte durant la journée, rendez grâce au soleil qui vous réchauffe sans jamais vous demander quoique ce soit en retour, etc. Vous reprendrez ainsi contact avec la Beauté qui est présente en tout!

Certains ont parfois l'impression que pour qu'un enseignement soit valable, surtout dans le domaine de la spiritualité, il doit être gratuit. On retrouve partout dans l'Univers la loi de l'échange, et cette loi s'applique dans tous les domaines. Donner sans rien recevoir en retour entraîne un déséquilibre énergétique qui devra forcément être compensé. Aussi bien garder ses comptes à jour... Il ne faut pas non plus exagérer le sens de ces paroles et ne jamais préconiser d'actes gratuits. De toute façon, la vie se chargera toujours de rembourser les dettes encourues par chacun. **Il s'agit juste de comprendre le principe de l'échange et de maintenir le meilleur équilibre possible.** L'argent n'est évidemment pas toujours la seule manière d'échanger. Parfois un simple sourire, un mot d'encouragement, un témoignage faisant état du bien qu'on a ressenti sera suffisant pour équilibrer la balance.

Voici un autre projet pour la journée qui s'en vient. Aujourd'hui, appliquez-vous à vivre intensément chaque instant, à vous en délecter avec toute la force de votre cœur, à vous émerveiller de tout ce qui vous arrive, comme un enfant qui vit quelque chose pour la toute première fois. Engagez-vous également à remercier le Tout-puissant pour toutes les occasions de grandir qu'Il mettra sur votre route et tous les petits cadeaux qu'Il vous permettra de recevoir et même de donner. Séparez donc votre journée en plusieurs parties (exemple: 1/2 heure, 1 heure, 2 heures, etc.) et, du mieux que vous le pourrez, vivez pleinement chaque seconde durant ces périodes. **Ne tombez pas dans le piège d'essayer d'en faire trop à la fois; vous risqueriez de vous décourager** devant l'ampleur du boulot à accomplir. Petit à petit, l'oiseau fait son nid... Faites-en un jeu en observant vos réactions. Vous apprendrez ainsi à vous connaître un peu mieux.

Est-ce que je m'aime assez pour me donner le droit de faire ce que je désire vraiment? On s'arrête souvent à ce que les autres attendent de nous, à ce qu'ils vont penser si nous ne sommes pas exactement comme ils le voudraient. Mais on ne se préoccupe pas toujours assez de savoir quelles sont les véritables aspirations de notre âme. C'est pourquoi **il est important d'apprendre en premier lieu à s'aimer et à se respecter,** non par égoïsme, mais parce que tout doit passer par l'estime de soi. Lorsqu'on saura vraiment quels sont nos buts dans cette vie et ce qu'il faut faire pour les atteindre, aucun obstacle venant de l'extérieur ne pourra nous détourner de nos objectifs. Prenez un moment d'arrêt pour jeter un regard sur ce que vous avez vraiment envie de vivre, aujourd'hui et dans le futur. Est-ce que vous croyez mériter toutes ces belles choses? La réponse devrait être un grand «oui», à coup sûr!

AUJOURD'HUI (texte d'origine inconnue... mais sûrement très inspiré). La chose la plus précieuse que tu possèdes au monde est AUJOURD'HUI. Aujourd'hui est ton sauveur, il est souvent crucifié entre deux voleurs, hier et demain. **Aujourd'hui, tu peux être heureux, pas hier ni demain.** Il n'y a pas de joie sauf aujourd'hui. La vaste majorité de nos misères sont des restes d'hier ou empruntées à demain. Garde ton aujourd'hui propre. Décide dans ton esprit de jouir de ta nourriture, de ton travail et de tes loisirs, coûte que coûte, aujourd'hui. Aujourd'hui est à toi. C'est à toi que Dieu l'a donné. Tous les hier, il les a repris. Et tous les demain sont encore entre ses mains. Aujourd'hui est à toi. Prends-en les joies et sois heureux. Prends-en les peines et sois homme. Aujourd'hui est à toi. Emploie-le de sorte que, sur sa fin, tu puisses dire: «J'ai vécu, j'ai aimé, AUJOURD'HUI.»

Une belle image pour comprendre notre origine ainsi que notre réelle appartenance est celle de la mer. En effet, l'Univers est comme un immense océan dont la totalité serait appelée Dieu. Chaque goutte d'eau constituant cet océan serait formée de chacune de nos âmes, ces parties divines dont on dit que chaque être humain est issu. Et arrive un jour où ces gouttes s'évaporent sous l'action du soleil; elles forment de petits nuages, puis retombent ici et là, en gouttes de pluie sur la terre. Ces gouttes empruntent ainsi toutes sortes de chemins différents, jusqu'au jour où, indubitablement et inexorablement, elles retournent toutes à la mer. Alors, **elles se fondent de nouveau au Tout et perdent leur identité de gouttes; mais elles ne cessent pas pour autant d'exister.** Ce grand voyage, on le fait des milliers de fois avant de comprendre que la mer, c'est nous. Alors seulement, la goutte, n'ayant plus sa raison d'être, ne sent plus le besoin de s'évaporer. Elle ne s'identifie désormais qu'à la mer, se fondant en elle.

Avez-vous le courage de demeurer vous-même en toute circonstance et de ne jamais vous cacher derrière un masque pour éviter de décevoir les autres? Eh bien, les gens heureux ont ce courage, et cela leur est tout naturel, car ils n'ont jamais à feindre le bonheur. Ils ne cachent pas non plus leur tristesse passagère; ils savent laisser couler leurs pleurs sans les retenir afin que ceux-ci entraînent leur peine avec eux. Ils s'en libèrent ainsi beaucoup plus rapidement. Quand on a la sagesse de rester soi-même en toute occasion, on a aussi la grandeur d'âme et la tolérance nécessaires pour laisser les autres libres d'être eux-mêmes et d'exprimer en tout temps ce qu'ils ressentent, sans les juger pour autant. Ce qui est formidable dans tout ça, c'est que **les gens ne portant pas de masque attirent vers eux les personnes qui possèdent la même ouverture d'esprit et la même transparence,** ce qui crée des amitiés sincères et très nobles. Prenez conscience des masques que vous mettez tout au long de la journée et voyez comment vous pourriez agir en restant plutôt vous-même.

Faites-vous partie de ces gens qui se posent tellement de questions que le moindre incident, aussi banal soit-il, représente pour eux un casse-tête qui pourra les occuper durant des heures, des jours, et même des semaines? **Trop se questionner est parfois pire que de ne pas le faire assez!** Il est vrai que tout a sa raison d'être et que chaque chose porte en elle son message. Mais lorsqu'on ne trouve pas de réponses à ses questions et que cette recherche devient tellement pénible qu'elle nous empêche d'avancer, il est peut-être temps de passer à autre chose et de demander à l'Univers de nous retransmettre l'information, mais plus clairement cette fois et de façon plus harmonieuse. Il ne nous reste plus qu'à être vigilant et réceptif. Rappelez-vous la loi de l'équilibre en tout. Il faut être bien dans ce que l'on fait et éviter les excès, même dans notre désir de grandir et de tout comprendre...

Nous ressentons tous des impulsions qui, si nous savons les reconnaître et les suivre, nous amèneront inévitablement sur la route qui est vraiment la nôtre. Je ne parle pas ici des pulsions passionnelles, qui ne sont bien souvent que des feux de paille, mais plutôt de ces désirs particulièrement forts qui nous poussent à aller quelque part, à vivre une expérience quelconque, à exécuter un travail précis, etc. Il faut être honnête vis-à-vis ces impulsions et s'en servir de façon consciente pour déterminer ses choix. **Quand la Vie veut nous emmener dans une direction précise, elle nous envoie ces impulsions pour nous mettre sur la voie.** Si on ne s'en préoccupe pas, on risque de bifurquer ou de «manquer le bateau». Il est également important d'inculquer aux autres, en particulier aux enfants, le désir de sentir et de suivre ces poussées qui fleurissent en eux, en n'oubliant cependant pas de les guider pour éviter qu'ils ne s'égarent . Si nous nous donnons le droit de le faire, nous permettrons aux autres, par le fait même, de suivre leur propre route.

La nature est un immense réservoir d'énergie au cœur duquel on peut puiser tout ce dont on a besoin, à condition de le faire avec respect. Les arbres, par exemple, sont en connexion directe avec le ciel, par l'entremise de leurs branches, et avec notre Mère la terre, par leurs racines. **Ils sont prêts à partager avec nous cette puissance énergétique qu'ils possèdent, pour autant que nous le leur demandions.** Vous voulez expérimenter quelque chose d'unique? Choisissez un arbre grand et fort qui vous attire et vous inspire confiance. Approchez-vous de lui tout en l'admirant et en lui disant simplement, par la parole ou la pensée, ce que vous trouvez de beau en lui. Puis demandez-lui de vous transmettre l'énergie dont vous avez besoin afin qu'il vous aide à acquérir sa force et sa sagesse. Prenez-le dans vos bras; visualisez et sentez que vous devenez son écorce; embrassez-le si vous le désirez et ressentez les bienfaits qui coulent en vous durant les minutes qui suivent. Lorsque vous serez rassasié, n'oubliez pas de remercier cet arbre qui vous a offert ce merveilleux cadeau. Tout, dans la nature, peut vous transmettre ses trésors si vous savez d'abord les reconnaître et les recueillir avec respect.

Un grand sage chinois du nom de Tao Te King nous a laissé ce merveilleux texte:

«Pour venir à bout des choses,
Le premier pas est de le croire possible.
Et c'est alors que les choses arrivent.
Oui, c'est en ne troublant rien
Que de soi-même,
Tout trouve sa place
Et que tout s'accomplit.»

L'enseignement transmis par ce sage, c'est que l'impossible n'existe pas et qu'il est souvent préférable de ne rien bousculer quand on espère qu'une chose nous arrive. Un travail qui nous plairait, tout en étant grassement rémunéré, pourrait, par exemple, nous être proposé, du seul fait qu'il est disponible quelque part et qu'on le mérite vraiment. **Il s'agit d'être à l'affût et de ne rien troubler par nos tensions,** ce qui ne signifie pas de ne rien faire, mais plutôt de ne rien «forcer». Il suffit simplement de devenir confiant et d'être convaincu que la Vie nous apportera le meilleur pour nous et au moment propice, sans que nous ayons à nous débattre inutilement.

Vous avez un projet, et tout se met en travers de votre route pour vous empêcher de le réaliser? Eh bien! c'est peut-être parce qu'il ne s'agit pas d'une bonne chose pour vous dans le moment présent. J'ai moi-même adopté, face à mes choix de tous les jours, une façon de procéder qui a porté fruits jusqu'à présent. Le principe en est bien simple. **Si c'est facile et que tout s'enchaîne harmonieusement, je suis alors assuré d'avoir pris la bonne direction** et je continue mon chemin. Si, par contre, rien ne s'enclenche ou que le processus devient si compliqué que suis obligé de dépenser le double de l'énergie prévue pour réaliser mon projet, je m'arrête et je tente de trouver une autre manière de faire qui me conviendrait mieux. Je ne tombe pas pour autant dans une excessive facilité en me détournant des problèmes qui surgissent, mais je m'efforce de mettre mes énergies au bon endroit, au bon moment.

« Ne veux rien. Seulement SOIS et FAIS.» Tel est le message qui a été reçu par une de mes amies. Un jour qu'elle était en train de nettoyer ses plates-bandes, elle sentit soudain que cette tâche devenait plus ardue qu'à l'ordinaire. Inquiète, elle se demanda quelle était la cause de cette fatigue excessive. Fourbue, elle se releva, et remarqua alors un érable vigoureux un peu plus loin. Elle se sentit aussitôt attirée vers lui et écouta ce qu'il avait à lui dire: «Voilà le secret de l'harmonie:

ne veux rien (laisse le monde de la matière);
sois (c'est simple);
et fais... (ce que tu as à faire).»

Forte de cette énergie, mon amie se remit au boulot. À peine deux minutes s'étaient-elles écoulées qu'elle comptait déjà le nombre de jardinières supplémentaires qu'elle ajouterait au balcon!

« **A**u bout de combien de temps devient-on heureux? Il ne faut que le temps de penser: joie.

— Au bout de combien de temps est-on pris par le désespoir? Il ne faut que le temps de penser: désespoir.

— Quelle est la vérité sous-jacente à cet état de choses? **Que j'ai le choix de devenir bonheur et désespoir à tout moment** et que j'ai le choix de changer d'expression à tout moment, le temps d'une pensée.

Le jour où je connaîtrai cette vérité en moi, j'aurai dépassé la limitation, je serai devenu Dieu. Et tandis que d'autres seront encore à se laisser gouverner par des lois et des codes moraux, je serai entièrement libre, n'ayant d'autre vérité que la mienne.» (Ramtha)

La recherche d'un maître peut nous entraîner dans des sentiers particulièrement sinueux, surtout si notre intuition n'est pas assez fine pour déterminer si la personne que l'on s'apprête à suivre est réellement digne de notre confiance. «Quand l'élève est prêt, le maître apparaît.» Ce dicton s'est toujours révélé très juste dans mon cas. Au sortir de ma période «religieuse», je commençai mon véritable cheminement spirituel. Je choisissais des lectures qui me semblaient aller dans le même sens que mes convictions profondes et j'assistais à certaines conférences portant sur des sujets qui m'intéressaient, mais **toujours dans l'optique de n'y prendre que ce qui faisait mon affaire.** Je voulais éviter à tout prix de retomber dans un monde de dogmes. Puis, un jour, sans que je le cherche vraiment, un premier maître m'attira à cause de ce qu'il «était». Je fis un bout de route en sa compagnie, après quoi un autre maître me prit la main pour me conduire un peu plus loin, et ainsi de suite. Et depuis, ça ne s'est jamais arrêté. Je n'ai plus cherché de maîtres; ils m'ont toujours trouvé! Ils sont souvent très près de nous, même un peu trop pour qu'on les voie! Soyez donc vigilant et ne regardez pas à l'autre bout du monde pour rien!

La peur de se faire juger est souvent en relation directe avec notre propre tendance à porter des jugements trop hâtifs ou trop sévères sur nous ou sur les autres. Si on se retrouve dans cette situation, il ne faut pas en déduire automatiquement que nous sommes de grands «juges», mais plutôt que nous serions porté à agir comme tel, si ce n'était de notre conscience qui nous pousse à évoluer dans le non-jugement. Mon premier manuscrit est resté à dormir sur mon bureau et sur celui de mon éditeur durant près de trois ans avant que ce dernier se décide à le publier. Aussitôt que j'eus pris conscience que c'était moi qui retardais intérieurement le processus, de peur de me faire juger par mon entourage, les choses se sont mises à bouger, et le livre émergea quelques mois plus tard. Pourtant, il y avait belle lurette que j'avais cessé de juger. Mais pourquoi mes anciens schèmes de pensée avaient-ils encore tant d'emprise sur moi? C'est bien simple: je portais intérieurement la cicatrice profonde de celui qui juge facilement et j'avais peur que mes «juges» me renvoient le piètre miroir de ce que j'étais jadis. **En acceptant ma vulnérabilité, j'ai aussi accepté ma peur,** laquelle, du fait qu'elle était maintenant connue, se manifestait de moins en moins. On peut tellement tirer parti de ses faiblesses lorsqu'on arrête de s'en culpabiliser et qu'on s'en sert plutôt pour s'améliorer!

Les mots et expressions portent souvent en eux des messages d'une telle profondeur! Prenez, par exemple, «tomber amoureux». Quand cet événement se produit, l'amour que l'on «pense» avoir pour quelqu'un ou pour quelque chose «tombe» dans le cœur, c'est-à-dire qu'il y descend pour y établir son nid et pour nous apporter alors son véritable «ressenti». **L'amour soumis aux préceptes du mental ne dure pas et il est très superficiel.** Il peut n'être que la réponse à un besoin, une aventure intellectuelle ou passionnelle, dépourvue de sentiments profonds de bien-être. Par contre, quand on le voit descendre au plus profond de soi, et qu'il nous rend rayonnant, joyeux, tolérant et impétueux, c'est qu'il se cherche un support plus «fiable» pour élever le cœur, par exemple. Donc, si vous perdez la tête pour quelqu'un, laissez-vous aller et donnez la chance à cet amour de tomber… dans votre cœur!

La magie des mots nous fait découvrir des choses parfois surprenantes. La maladie pourrait bien s'écrire «mal-a-dit»! C'est donc dire que cette souffrance que vous ressentez a quelque chose d'important à vous dire. Si vous ne saisissez pas immédiatement son message, elle reviendra à la charge, peut-être avec plus d'intensité et peut-être sous une autre forme, jusqu'à ce que vous lui ayez ouvert votre cœur. Aussitôt qu'un malaise se présente, dites-lui: «Hé! toi! Qu'est-ce que tu fais chez moi? Qu'as-tu à me dire?» Si la réponse n'est pas immédiate, ne vous laissez pas décourager pour autant, car elle viendra tôt ou tard. Laissez-vous guider aveuglément, en feuilletant, par exemple, les pages d'un livre traitant des causes des maladies, en consultant un thérapeute vers qui vous vous sentez attiré ou en soumettant simplement vos interrogations à un ami. **Ouvrez-vous aux réponses que vous recevrez, car en elles se trouvera assurément la clef de l'énigme.** Soyez attentif à ce que l'on vous soumettra comme idée, même si, sous le coup de l'émotion, vous la jugez insensée. La solution est TOUJOURS tellement proche qu'on a peine à la voir.

On a souvent tendance à devenir esclave de nos petites manies, ce qui nous crée des limitations et nous empêche de donner 100 % de nous-même en toute circonstance. Pour donner un exemple, il y a quelques années, je m'étais inventé un rituel d'écriture. Il me fallait toujours utiliser le même crayon, l'endroit où je travaillais devait être très calme, avec une odeur d'encens flottant dans l'air et ma table devait se trouver dans telle position, sans quoi l'inspiration ne venait pas. Jusqu'au jour où je me suis rendu compte que **je m'étais créé d'énormes limitations qui m'empêchaient de fonctionner si les conditions parfaites n'étaient pas toutes réunies.** J'ai jeté par-dessus bord toutes ces habitudes étriquées, et l'inspiration me suit maintenant partout: en plein milieu d'une gare bondée de monde, dans la cohue du centre-ville comme au cœur d'une île paradisiaque. Il y a, bien sûr, des conditions que je préfère mais je prends garde de ne pas m'en servir comme excuse pour ne rien faire. Et vous, quelles sont ces petites habitudes de vie qui vous limitent, au bureau, à la maison, dans le sport, etc.? Aujourd'hui, ayez l'ouverture d'esprit d'accepter que les choses se passent différemment qu'à l'habitude et qu'elles soient tout aussi bien faites!

Certaines personnes craignent de s'engager sérieusement dans une voie spirituelle; elles ont peur d'avoir un jour à tout quitter, qu'on leur demande de vendre tous leurs biens, de dire adieu à la sexualité et d'aller se réfugier jusqu'à la fin de leurs jours dans un lieu de retraite au fond des bois ou sur le sommet d'une montagne! Ces exigences peuvent paraître farfelues mais je les ai moi-même cultivées durant de nombreuses années. **Il ne faut pas confondre voie spirituelle et secte.** Dans une secte, vous êtes sous les ordres d'un maître penseur qui exerce un certain pouvoir sur vous. **Dans la voie spirituelle, c'est tout le contraire. Plus les jours avancent, plus vous êtes incité à devenir votre propre maître.** À mon humble avis, un cheminement valable doit absolument nous entraîner vers une plus grande liberté intérieure et vers une harmonie accrue avec notre entourage. La sérénité recherchée dans la voie spirituelle a pour but de réunir, non de diviser. Quel est le but de votre cheminement? Vous apporte-t-il une certaine libération ou vous enchaîne-t-il chaque jour davantage? Ne serait-il pas bon que vous revisiez certaines de vos positions?

Portez attention à la façon dont vous prenez quelqu'un dans vos bras. L'agrippez-vous avec vigueur pour le serrer et le retenir le plus longtemps possible contre vous? S'agit-il d'une étreinte qui comprime comme un étau, démontrant votre inclination à posséder et votre attachement exagéré envers l'être qui est là? Vous contentez-vous plutôt de «prendre» la personne dans vos bras, de l'accueillir délicatement en lui prêtant votre épaule quelques instants pour qu'elle s'y appuie à son aise, mais en la laissant toujours libre de partir? Distribuez-vous vos accolades ici et là en pensant à autre chose, avec l'espoir que cette effervescence se termine rapidement? Regardez les choses d'un œil détaché et sans juger; prenez le temps de vous amuser à vous regarder agir. Ce seul petit geste pourra vous en apprendre beaucoup sur vous-même et sur les autres. **L'étreinte peut devenir un geste sacré que l'on n'offre qu'en certaines occasions, mais avec tout son cœur.** Lorsqu'elle est forcée, elle perd beaucoup de son sens. Que la prochaine personne que vous serrerez dans vos bras soit accueillie comme si c'était votre propre enfant.

Une de mes amies avait parcouru de long en large la voie de la sagesse. Un jour, elle sentit qu'après avoir atteint le niveau de sérénité dans lequel elle baignait, elle n'avait rien de plus beau à espérer de la vie. La mélancolie s'empara alors d'elle, jusqu'à ce que quelqu'un lui dise: «Tu sais, au-delà de la Lumière, il y a encore quelque chose.» Cette petite phrase lui redonna le goût d'avancer encore et encore, et ce qu'elle découvrit au-delà de ce qu'elle croyait être la Lumière était mille fois mieux que ce qu'elle avait connu. **Il ne faut jamais se croire rendu à destination, sinon on risque de stagner.** Même de l'autre côté du voile de la perfection humaine, il existe une autre dimension où nous pourrons poursuivre notre route vers une existence encore plus consciente. Le cheminement spirituel a ceci d'extraordinaire qu'il nous entraîne toujours vers quelque chose de plus beau et de plus grand.

En cette ère nouvelle que nous amorçons, l'un des défis du couple sera de constituer, au niveau de l'âme, une entité que nous appellerons le «nous», les ego des partenaires ne devant pas pour autant perdre leur identité propre. Quand un véritable couple se forme, les deux âmes se «marient», se fondent l'une dans l'autre à cause de ce besoin d'équilibre qu'elles ressentent. Ce «mariage» peut être si fort que les personnalités, les ego peuvent se sentir bousculés par les événements et ne pas être prêts à supporter constamment l'intensité de cette fusion. C'est pourquoi il faut bien différencier les besoins de l'âme et ceux du personnage qu'elle a emprunté. Quand on prend conscience de ce phénomène extraordinaire, on comprend pourquoi **les couples les plus unis sont ceux où on a développé assez de maturité et de confiance pour laisser entière liberté à son conjoint.** On évite ainsi de s'étouffer et on admet toujours qu'on puisse se rencontrer en s'élevant dans le monde de l'âme, dans cette dimension où la fusion est constante.

Blesser quelqu'un uniquement pour se venger ou pour le simple plaisir de faire du mal est le lot d'un être à la conscience très basse. Son niveau d'évolution est à peine plus élevé que celui de l'animal, lequel, la plupart du temps, n'agit ainsi que pour sa survie. Encore là, quand on rencontre un tel être, on ne doit pas le juger, mais plutôt se contenter de constater à quel niveau il est rendu. Tout ce que l'on peut faire, c'est de tenter de lui faire prendre conscience de ce qu'il est — ce qui demande énormément de tact —, pour le laisser ensuite déterminer lui-même s'il veut faire un pas de plus. **Au-delà de cette ligne, c'est la Vie qui aura le dernier mot; elle saura lui faire comprendre, sans qu'on ait à intervenir de notre propre chef.** À trop vouloir changer quelqu'un, on se fatigue inutilement. Ne faites qu'entrouvrir les portes au lieu de vous dépenser inutilement à les défoncer.

Beaucoup de gens s'imaginent que les personnes qui transmettent aux autres leurs propres vérités — en leur enseignant l'art de vivre heureux ou en écrivant des livres sur le sujet —, sont déjà rendues au bout de leur route et n'ont plus rien à apprendre. Eh bien, détrompez-vous! **Chacun enseigne ce qu'il a le plus besoin d'apprendre lui-même,** et c'est souvent en communiquant son savoir aux autres qu'il en fait lui-même l'expérience, en dedans de lui. (Vous voyez que je n'ai pas encore tout compris...) Quand le moment est venu, le «professeur» doit dépasser son enseignement pour élever avec lui tous ceux qui voudront bien le suivre sur sa route. Donc, à quelque niveau que vous soyez, sachez que ce que vous croyez aujourd'hui pourra être dépassé demain et complètement modifié le surlendemain. On n'arrête pas l'évolution... heureusement!

Tenez, voici un autre projet pour aujourd'hui, un de taille, cette fois. À chacune des personnes que vous allez contacter durant la journée, au travail, à la maison, au téléphone, dans la rue même, vous allez dire mentalement: «Je t'aime». Bien sûr, ne le faites pas verbalement, seulement dans votre cœur. Autrement, vous risqueriez de provoquer plus de tempêtes qu'autre chose... **Vous allez transmettre ce «Je t'aime» à la partie divine qui habite et anime toutes ces personnes.** Vous constaterez alors que ce n'est pas toujours facile d'agir ainsi, surtout vis-à-vis des gens avec lesquels on a peu ou pas du tout d'affinités. Mais ce qui est dit est dit; lancez-vous dans l'aventure en tentant de vous y amuser le plus possible. Voyez changer la physionomie de certaines personnes pendant que vous leur envoyez ce message d'amour. Elles ne seront plus les mêmes avec vous, car vos âmes auront appris à se respecter maintenant. Le soir, faites le bilan de votre journée et décidez si vous ne pourriez pas pratiquer ce petit jeu plus souvent!

On dit que toute parole, toute action et toute pensée a des répercussions sur différents plans autour de nous, qu'elle tisse continuellement des fils entre les personnes concernées. Alors, pouvez-vous imaginer comment nous sommes liés les uns aux autres? Vous n'avez qu'à allumer la radio ou la télévision pour constater avec effroi la quantité de paroles inutiles qui s'en échappent! **On m'a dit un jour que plus on avançait sur la route de l'évolution, plus on apprenait à se taire.** Je comprends maintenant pourquoi! On peut même en arriver à envier les gens muets, et, croyez-moi, c'est très bien comme ça! Prenez donc conscience, aujourd'hui, du nombre de paroles que vous dites qui n'auraient aucune raison de sortir de votre bouche. Que d'énergie gaspillée! Bien sûr, il ne faut pas réagir exagérément et s'imposer, du jour au lendemain, le silence total. Nous ne sommes plus à l'époque des monastères. L'équilibre, toujours l'équilibre! Dire ce que l'on a à dire, c'est tout.

Vous voulez faire réagir votre entourage? Eh bien, souriez toute la journée! Dès le matin, imprimez sur votre figure un sourire. Pas une quelconque contorsion des traits…, mais un sourire honnête et véritable, qui émane du dedans, de la sérénité que vous ressentez à l'intérieur. Ce n'est évidemment pas le temps d'entreprendre cet «exercice» si vous n'êtes pas suffisamment en harmonie avec vous-même. Quand vous serez bien à l'aise dans ce rôle que vous vous serez donné, prenez conscience du bien-être que vous apportez aux autres tout au long de la journée, quelle que soit la situation qui se présente. En rencontrant votre regard, les gens sentiront s'évanouir leurs tensions. Ils ne vous verront plus avec les yeux de leur intellect mais avec ceux du cœur, car c'est grâce à lui que vous avez fait contact. **Le sourire est le plus beau cadeau que puisse recevoir un être malheureux!** Bonne journée!

Aussitôt que l'on établit un contact avec quelqu'un par le regard, le toucher, la parole, ou même la pensée, un lien énergétique se crée automatiquement de l'un à l'autre. Par exemple, si vous serrez la main de quelqu'un, il y a de fortes chances qu'un échange d'énergie se fasse entre vous deux. Sachant cela, vous pouvez conscientiser un peu plus ce geste. En donnant votre poignée de main, visualisez une énergie divine de calme et de paix qui entre par le dessus de votre tête, qui descend le long de votre bras et se transmet ensuite à la personne qui se trouve devant vous, pour son plus grand bien-être. Souvenez-vous, **vous ne donnez jamais de votre énergie, vous en transmettez seulement.** Vous n'agissez qu'en tant que canal entre l'énergie divine et la personne qui la reçoit. On n'est jamais le donneur, mais l'outil; tel est le principe à retenir lorsqu'on transmet de l'énergie d'une façon ou d'une autre.

Combien de fois nous est-il arrivé d'être en compagnie de quelqu'un et de rêver du moment où on se retrouvera seul? Et quand on est seul, on préférerait être entouré! L'être humain est ainsi fait: presque toujours insatisfait de son sort. Il ne peut rien y changer à moins qu'il ne fasse un pas de plus dans son évolution. Ayant transcendé cet état de choses, **le sage est bien à l'endroit où il est, avec les personnes qui l'entourent et au moment présent.** La solitude pourrait être apprivoisée tellement plus vite si elle était vécue dans cette optique. La période de temps où l'on est seul en est souvent une de récupération essentielle. On doit alors apprendre à vivre pour soi, avec soi, et sans dépendre aucunement de la présence ou de l'amour des autres. Tout un programme, n'est-ce pas? Il faut pouvoir accueillir cette solitude comme un merveilleux cadeau du ciel, un temps d'arrêt qui nous est alloué. On a alors tout le temps de nettoyer suffisamment sa «maison» pour qu'au moment voulu, on puisse y accueillir chaleureusement quelqu'un d'autre. Savez-vous profiter au maximum de vos moments de solitude? Comment pourriez-vous les transformer en périodes de plénitude?

Ces petits esprits de la nature que l'on appelle les *devas* sont des êtres invisibles à l'œil humain. Il est toutefois possible de dialoguer et d'apprendre à travailler avec eux. Leur rôle est de prendre soin de la nature, entre autres en y rétablissant l'équilibre, après le passage de l'homme. **À Findhorn, en Écosse, est établie une communauté dont les membres, depuis 1962, travaillent en coopération étroite avec ces devas** et obtiennent ainsi des résultats surprenants. Ian Sargent, membre de ce groupe, raconte: «Quand nous plantons, nous nous harmonisons avec les esprits des plantes pour les bénir. Nous coopérons vraiment avec les énergies de la nature. Dès que nous les oublions, les plantes ne poussent pas aussi vigoureusement. Nous avons même consacré une partie sauvage du jardin aux esprits de la nature. Personne d'autre n'y pénètre...» Si ces gens de Findhorn ont un jour cru à ces êtres et qu'ils ne peuvent s'en passer depuis ce temps, pourquoi n'essaieriez-vous pas vous aussi de leur parler? Les résultats vous étonneront si vous persévérez! Dire non ne mène jamais à rien; remplacer ce non par un «peut-être» ou «un pourquoi pas?» ouvre la porte à bien des découvertes.

Quoi de plus difficile que d'accepter «sereinement» que quelqu'un ne soit pas d'accord avec nous! On se remet tout d'abord en question en se sentant humilié parce qu'on se retrouve alors en position d'infériorité. Accepter que l'on ne possède pas la vérité en tout et que — même si au fond on croit le contraire — l'on soit dans l'erreur, voilà tout un défi à relever pour la personne qui veut atteindre la sagesse. **Le sage possède SA vérité et il est bien conscient que chacun possède LA SIENNE,** laquelle s'applique à la situation et au moment qu'il vit. Le musulman, le catholique, l'hindouiste possèdent tous la vérité, même si celle-ci varie d'une personne à l'autre. Alors, pourquoi se dénigrent-ils et ne marchent-ils pas dans le même sens, chacun respectant la route de l'autre? À nous de commencer cette chaîne de tolérance et de respect vis-à-vis de la vérité de chacun. Comme le prône si bien ce grand maître qu'est le Dalaï-Lama, unissons-nous vers un seul but: l'harmonie universelle.

Dans le travail que je faisais, il y a quelques années, j'avais élaboré une façon de travailler bien personnelle qui, à mon avis et à celui de mes patrons, donnait d'excellents résultats. Je croyais alors sincèrement avoir trouvé LA façon de faire et je ne voyais pas comment ce travail pouvait être effectué autrement. Quelque temps plus tard, je quittai mon emploi, laissant la place à des personnes qui ont décidé de travailler à leur manière. J'eus beau me «désâmer» à leur montrer MA méthode, ils firent à leur tête. Je dus me résigner à les abandonner, convaincu qu'ils me rappelleraient très bientôt pour requérir mon aide... ce qu'ils ne firent jamais! Je compris alors que **tout peut s'effectuer différemment de notre façon de faire et porter des fruits tout aussi valables,** quoique distincts. Par la même occasion, j'appris alors qu'il me fallait faire un peu plus confiance aux autres en leur permettant d'exploiter leur potentiel. En agissant avec cette ouverture d'esprit, on transmet aux autres une énergie de création et d'action extraordinaire qui ne peut qu'être fructueuse pour tous. Êtes-vous réticent face aux idées nouvelles? Acceptez-vous facilement les conseils de vos collègues de travail? Appartenez-vous à cette catégorie de gens qui se croient irremplaçables?

Il n'existe aucune grande réalisation où le promoteur n'a pas pris certains risques. Si on a constamment peur de se compromettre ou de perdre quelque chose, on demeure toujours dans le même train-train et on ne bâtit jamais rien de nouveau. Ainsi donc, pour tous ceux qui sont ou se croient rendus à la limite de ce qu'ils peuvent espérer de la vie, **il est maintenant temps d'oser et d'emprunter des chemins qui leur apporteront de nouveaux défis,** sur le plan professionnel, tout autant que matériel ou spirituel. Dans votre cas personnel, quel est donc ce projet qui revient continuellement vous hanter? Quels seraient les risques à le réaliser? Si vous les preniez, ces risques, aujourd'hui même, comment vous sentiriez-vous? Prenez note de votre réponse. Si ça crie «Wow!» en dedans, tout ce que vous pourriez retirer de ce projet, c'est d'être plus heureux.

Tout comme le christianisme, l'hindouisme a également son principe de la Trinité, et son application peut être d'un grand secours dans notre vie de tous les jours. «Brahma», le premier principe, est celui de la Création, «Vishnu», le second, celui de l'Action, alors que «Shiva» représente la Destruction. Tout ce qui vit, sans exception, passe continuellement par ces trois états, ce qui constitue l'éternelle roue de la vie. Par exemple, vous rencontrez quelqu'un et vous formez un couple: c'est Brahma, la Création. Puis, vous vivez une très belle relation: c'est Vishnu, l'Action. Mais voilà qu'un nuage passe et une dispute éclate, vous êtes dans Shiva, la Destruction. Mais comme vous savez que la roue ne s'arrête pas de tourner, à moins que vous ne l'immobilisiez par votre ignorance ou votre entêtement, vous mettez tout en action pour régler le problème. **Vous vous servez de cette discorde pour créer quelque chose de nouveau, de plus beau et de plus durable.** Et vous voilà revenu à Brahma, la Création, et ainsi de suite. Si on se complaît dans Shiva, la Destruction, sans croire qu'elle peut nous élever vers une nouvelle création, la roue arrête de tourner, et on perd ainsi un temps précieux. Il n'y a donc jamais de situations entièrement négatives. En sachant les utiliser, on peut toujours s'améliorer et créer quelque chose de mieux.

À l'aube de ce qui devait se révéler une période déterminante dans ma vie, une période ponctuée de grands changements, voici ce que j'ai écrit à l'Univers: «Aujourd'hui, je commence une nouvelle vie et je décide de m'y abandonner complètement, ne permettant à personne de la diriger contre mon gré. Je veux toucher la dimension supérieure d'Amour et de Tendresse avec ma partenaire et avec tous ceux qui voudront bien accepter que je leur témoigne ces sentiments. À partir de maintenant, et de plus en plus, j'expérimente cette dimension de l'abandon total et de la sérénité. **Rien ni personne n'aura le pouvoir de me déranger dans mes émotions, ni assez d'importance pour que je me fasse du mal.** Je commence donc ma période d'acceptation de tout et de tous, et j'accepte aussi la différence fondamentale entre les êtres. Je remercie la Vie pour tout ce qui m'a été donné jusqu'à présent et pour tout ce qui me sera offert dans le futur afin d'atteindre cette véritable Sagesse à laquelle j'aspire tant.» Êtes-vous prêt, vous aussi, à repartir à zéro, dans l'abandon total? Si oui, n'hésitez pas un instant. Les résultats sont remarquables, croyez-moi!

Parfois, à notre grande surprise et à notre vif désarroi, se fraient vers nous des pensées qui semblent ne pas nous appartenir ou qui nous révèlent un aspect caché et très vil de notre personnalité. Ce sont des pensées que l'on n'oserait jamais exprimer en public ni même les dire pour soi. Mais elles sont là, qu'on le veuille ou non, et on ne peut rien faire d'autre que de les saluer au passage et de les laisser s'envoler d'elles-mêmes vers d'autres cieux... Non, **on ne peut nier l'existence d'un certain côté vil et inférieur en nous.** Cette facette de nous, si on la laissait se développer, pourrait éventuellement nous porter à tuer ou à faire des choses auxquelles nous n'oserions même pas penser. Quand ces images font surface, il ne faut jamais les combattre, sinon elles ouvriront les hostilités. Acceptons-les comme de simples pensées qui nous atteignent et laissons-les plutôt s'évanouir d'elles-mêmes, dissipées par notre indifférence.

La sagesse ne doit pas être vue comme un simple but à atteindre mais plutôt comme un état continuel de grâce, sans cesse engagé dans un mouvement ascendant et toujours de plus en plus empreint de simplicité et de bonheur. Bien des gens n'osent même pas penser à devenir sages, de peur de n'y trouver qu'ennui et solitude. Au contraire, le sage n'est jamais vraiment seul... même quand il semble l'être. Il ne s'ennuie jamais... surtout quand il n'a rien à faire. **Quiconque recherche une meilleure compréhension des choses est engagé sur la voie de la sagesse.** Celle-ci ne s'enseigne pas. Elle s'expérimente et se vit tous les jours, dans la société où l'on s'est établi, dans le bruit de la ville comme dans la tranquillité d'un sous-bois. Comme Dieu, elle est partout où l'on est...

Chercher constamment à élargir son champ de vision, enlever au plus tôt les œillères qui limitent notre vue au début de notre cheminement spirituel pour éviter de se disperser, prendre le large avec confiance, voilà l'étape où bien des chercheurs de vérité sont rendus! Maintenant, **vous êtes assez «grand» pour ne plus vous faire imposer de croyances et pour choisir ce qui est bon pour vous.** Comment acquérir un tel discernement? C'est facile. Si, en ayant une idée ou en pensant à une nouvelle vision des choses, ça «sourit en dedans», c'est que vous pouvez vous fier à votre «senti» et aller de l'avant. Si, par contre, ça «sonne faux», attendez ou prenez une autre route. C'est aussi simple que ça. De toute façon, autour de vous sont mis en place des gens qui sont là pour vous aider et vous proposer des alternatives. Si vous tenez compte de leurs conseils et si vous avez su développer une assez grande confiance en votre capacité de choisir le meilleur pour vous, vous pourrez toujours opter pour ce qui vous sourit à l'instant même. Vous ne pourrez alors jamais vous tromper! Y a-t-il une croyance qui ne vous convient plus et qui vous empêche d'aller plus loin? Êtes-vous prêt à prendre le risque de la balancer par-dessus bord, pour faire de la place à quelque chose de plus grand? La lumière dans laquelle vous avez pénétré n'est peut-être qu'un mince rayon émanant de l'immense soleil qui vous attend plus loin.

« Ne juge pas quelqu'un sans avoir fait au moins un kilomètre dans ses souliers», dit un jour un grand sage. Que de fois nous nous sommes montré un peu trop rapide dans nos jugements pour nous apercevoir, quelque temps plus tard, que si nous avions été dans la peau de celui que nous jugeons, nous aurions probablement fait la même chose, peut-être même pire! **Pour être un juge parfait, il faudrait pouvoir endosser le manteau de l'accusé,** entrer dans sa tête et dans son cœur, à partir de sa naissance jusqu'à l'acte commis, et peut-être même plus loin... Si, un jour, en circulant en voiture, vous avez un moment de distraction et tuez bêtement un vieil homme ou un enfant qui se balade sur le trottoir, vous deviendrez un meurtrier, aux yeux de la société, et vous serez probablement condamné pour cette action. Mais est-ce que, en votre âme et conscience, vous croyez avoir mérité ce sort? Bien sûr que non! Mais on ne vous jugera que sur votre acte, sans s'occuper de ce que vous êtes vraiment et de votre «senti» intérieur. Justice humaine et justice divine sont deux choses bien différentes. Apprenez à vous élever au-dessus des actes commis avant de vous improviser juge! Au-delà de l'ego, tout a sa raison d'être...

Le sage suit ses impulsions et évite de prendre des décisions hâtives aussi bien que tardives, à moins que ce soit vraiment nécessaire. Maintenant que vous commencez à vivre intensément le moment présent, il vous est plus facile de choisir ce qui est bon pour vous, l'état d'âme qui vous convient et les choses que vous avez vraiment envie de vivre. Souvent, on promet à des amis d'aller les visiter dans quelque temps. Au moment où l'on prend cet engagement, on désire vraiment aller les voir. Mais arrive le jour de la visite, et on ne ressent plus cette pulsion qui nous avait soulevé. Alors, pour ne pas déplaire, on se rend quand même chez eux et… on s'ennuie à mourir. Prenez donc vos journées une à la fois, en obéissant à l'instinct du moment. **Vous pouvez prévoir les choses, mais laissez toujours de la place pour les changements de dernière minute.** Sachez dire non quand votre cœur se ferme et oui quand il frémit de joie. Vous n'aurez alors plus à mettre de masques.

Si vous n'apprenez pas à vraiment écouter quelqu'un avant de lui offrir votre aide, vous risquez de lui faire plus de tort que de bien. En effet, vous ne pouvez espérer être d'une quelconque utilité si vous êtes incapable de vous mettre dans la peau d'une personne et d'entrer en contact avec ses propres croyances, sans évidemment vous laisser emporter par ses émotions. Rappelez-vous que **le véritable maître n'essaiera jamais de changer radicalement les croyances de son disciple; il tentera plutôt de les adapter** aux vérités qu'il préconise. Il en est ainsi pour tous ceux vers qui on se tourne afin de demander de l'aide. Le secours apporté à un musulman, à un catholique ou à un athée pourra être complètement différent pour un problème identique, car le chemin emprunté doit nécessairement être adapté aux opinions de chacun pour atteindre finalement le même but. Efforcez-vous donc de cultiver cette largesse d'esprit et cette capacité d'adaptation.

Tout est en constante évolution. Il faut donc accepter que ce qu'on laisse derrière soi continuera à se développer et ne sera jamais exactement le même le lendemain, et encore moins l'année d'après. Certaines personnes qui, par exemple, ont l'habitude de faire un voyage toujours au même endroit sont parfois déçues, car elles ne retrouvent jamais exactement la même atmosphère que la fois précédente. La vie, donc, continue, et rien dans l'Univers n'est «figé dans le béton». Il est cependant beaucoup plus agréable **d'entrer dans ce mouvement d'évolution de la vie et d'apprendre à s'adapter aux événements que de s'épuiser à ramer à contre-courant.** Même avec la meilleure volonté du monde et malgré toute la puissance que l'on possède, on ne pourra jamais empêcher la roue de tourner. Visualisez-vous il y a dix ans. Qu'êtes-vous devenu maintenant? Probablement une personne complètement transformée. Ainsi va la vie! Considérez toujours avec sérénité et détachement les changements qui se présentent; cherchez-en le caractère positif. Il y en a toujours un... ou plusieurs! Notre capacité d'adaptation est notre meilleure assurance bonheur!

Si vous avez tendance à mettre les gens sur un piédestal, vous irez sans aucun doute de déception en déception. Jusqu'à ce que vous preniez conscience qu'**aucun rôle n'est plus important qu'un autre; aux yeux du Créateur, ils sont tous sur un pied d'égalité.** Pour transcender cette disposition à vénérer certaines personnes (et à vous abaisser, par la même occasion), découvrez plutôt ce que vous admirez le plus chez elles. Le charisme? La disponibilité? La beauté? La profondeur des yeux? La grandeur d'âme? Quand vous aurez bien cerné vos motifs d'admiration, prenez conscience de ce que ces qualités sont celles que vous devez développer. C'est là la raison pour laquelle ces personnes ont été mises sur votre chemin par la vie. Vous pouvez continuer à les aimer, mais la meilleure façon de les remercier d'être ce qu'elles sont est peut-être de les prendre pour modèles afin de vous élever à votre tour.

Je me suis souvent interdit de faire des choses pour ne pas causer du tort ou nuire à autrui. Ce que je ne comprenais pas alors, c'est que je fermais beaucoup de portes à cause des autres. On ne porte jamais réellement préjudice à autrui; on est peut-être justement là pour le forcer à se surpasser, pour l'inciter à abandonner un travail qu'il hait mais qu'il ne peut se résoudre à laisser ou pour éveiller en lui cette énergie du guerrier qui s'est endormi dans la monotonie du quotidien. **Faites donc ce que vous avez à faire, et avec la meilleure volonté dont vous puissiez faire preuve.** La vie s'occupera du reste, et tous, sans exception, en retireront quelque chose. Soyez honnête et intègre dans vos démarches, c'est tout. Permettez aux autres de se dépasser, même si, pour cela, ils sont acculés au pied du mur à cause des circonstances dont vous êtes peut-être devenu le maître d'œuvre. Si la Vie vous a voulu là où vous êtes présentement, c'est que vous avez un rôle à jouer à cet endroit. Faites donc confiance à la Vie et dites-lui merci.

L'être conscient et éveillé devient très tolérant parce qu'il a su étendre sa vision à 360 degrés et y inclure tout ce qu'il voit. C'est pourquoi il peut accepter que son voisin n'ait pas emprunté la même voie que lui et qu'il n'ait pas cette perception dénuée de limites et de frontières qu'il a lui-même adoptée lors de son entrée dans cette nouvelle dimension infinie que lui ouvre l'ère du Verseau. **Il laissera à chacun la liberté de croire et de cheminer à sa façon.** Il sera convaincu que tous, y compris lui-même, arriveront un jour au même point d'arrivée, par des chemins différents peut-être, mais tout aussi valables les uns que les autres. Cet être conscient devra aussi avoir l'humilité et la grandeur d'âme d'accepter de se faire traiter parfois d'illuminé, de missionnaire ou même d'impie. Ce sera par ces mêmes gens qu'il a jadis côtoyés mais qui n'ont pas encore enlevé ces œillères qui les obligent à ne regarder que dans une seule direction. Il faut être très fort pour subir sans broncher les attaques de certaines gens qui démontrent ainsi leur étroitesse d'esprit. Si, cependant, vous craignez d'être blessé, il vaut peut-être mieux vous éloigner du champ de tir! Vous n'agirez pas alors par lâcheté, mais par respect pour vous-même. Quand vous serez plus fort, vous pourrez vous battre à votre guise si le cœur vous en dit, pas avant!

Les religions, quelles qu'elles soient, sont des outils précieux, parfois essentiels, pour amener les gens vers une certaine spiritualité et un éveil de la conscience. Elles ont enseigné leurs vérités de la façon dont les gens voulaient bien les entendre. Elles répondaient ainsi à un besoin de prise en charge et de dépendance. Mais elles ont été peu à peu abandonnées pour être remplacées par une vie intérieure plus intense, plus honnête et plus vraie. Tout évolue et se transforme pour le mieux. Nous n'avons pas d'autre choix que de nous adapter. Les religions peuvent devenir des oasis où l'on pourrait à sa guise trouver réconfort et support. Mais on peut aussi y puiser la force nécessaire pour aller voir au-delà de nos croyances s'il n'y aurait pas un élément supplémentaire qui nous propulserait vers l'avant. Les religions qui prétendent détenir la Vérité sont vouées à l'échec, car leurs membres n'ont d'autre possibilité que d'y stagner lorsqu'ils sont rendus au bout du chemin qui leur a été proposé. La génération qui grandit ne veut plus se cogner au mur des mystères; elle cherche à les comprendre! **Dans la nouvelle ère qui s'amorce, tout ce qui n'évoluera pas se tarira.** Soyez donc de cette lignée de gens qui, en temps opportun, savent laisser derrière eux leur bagage de limitations pour avancer avec plus de légèreté sur la voie de la sagesse.

Lorsqu'on vit intensément le moment présent, on n'a plus besoin d'appareil photo pour immortaliser ses souvenirs. Chacun des beaux instants de notre vie est vécu dans l'émerveillement; ils s'imprègnent dans nos cellules, là où personne ne pourra venir les extirper. D'ailleurs, rappelez-vous la dernière fois que vous avez montré vos photographies de voyage à vos amis: ils n'y voyaient rien! Et même qu'après en avoir regardé quelques-unes, ils étaient déjà morts d'ennui. C'est qu'ils ne touchaient pas au «senti». Lors de votre prochaine excursion, laissez votre appareil photo chez vous et **entrez dans la peau de l'enfant qui découvre des choses et jouit constamment de ce qu'il voit.** Rendu à la maison, vous ne penserez même pas à revivre ces moments, car vous vous en serez déjà complètement imprégné et en aurez retiré toute la beauté.

Un jour où j'étais assis paisiblement au bout d'un long quai s'avançant dans la mer, je demandai aux devas de l'eau s'ils n'avaient pas un message à me transmettre. Peu après, mon regard fut attiré par deux rochers: l'un était droit et usé par les vagues qui le frappaient sans cesse, et l'autre, couché à plat, laissait les flots le contourner puis retourner ensuite vers le large. «Tu vois ce rocher qui est debout, affrontant les vagues de plein fouet sans broncher? Regarde comme il semble fatigué et à quel point sa base est effritée. Si, comme lui, tu t'entêtes à te dresser devant les événements de la vie, à rester toujours sur tes positions, sans accepter de compromis, alors voilà ce que l'avenir te réserve: une lutte continuelle pendant laquelle tes bases seront peu à peu mangées par l'érosion. Mais observe cette petite roche plate à ses côtés. Elle subit l'assaut des mêmes vagues; elle les regarde passer au-dessus et autour d'elle sans jamais bouger. Elle demeure toujours aussi forte mais elle ne se laisse pas attaquer par cette eau qui, de toute façon, doit retourner au large.» Tel était le message des devas. Depuis, **la souplesse est devenue mon maître!**

Au cours d'une merveilleuse promenade sur une plage dorée, je dis à l'Éternel: «Merci, mon Dieu, de me permettre de profiter de tout ça.» Aussitôt, une voix intérieure me répondit: «Remercie-toi plutôt de te permettre de profiter de tout ça.» Je répétai l'expérience et chaque fois que je louangeais ce Dieu, Source de toute chose, Il me retournait le compliment. Je compris alors ce que signifiait l'expression «être une partie divine». **Nous ne sommes pas Dieu, mais nous portons en nous une partie infime de Sa grandeur.** Étant ainsi lié extérieurement à Lui, ce qu'Il nous offre vient également de nous. Quand je Le remerciais, je devais aussi me remercier en même temps. Depuis, je n'ai cessé de rapprocher de moi ce Dieu dont on m'avait dit qu'Il était si loin, même si, bizarrement, Il était partout... Mais Il était surtout en dedans de moi. Je me respecte beaucoup plus depuis que je sais que Dieu est avec et en moi, en tout temps!

Pourquoi beaucoup d'adolescents et d'ado-
lescentes semblent-ils se désintéresser de
la religion, des valeurs qu'on leur a incul-
quées et de toute forme de spiritualité? C'est très
simple. Tout d'abord, il est important de savoir que
la plupart ne rejettent rien. Ils mettent plutôt en
veilleuse une partie de ce qui leur a été enseigné
pour vérifier par eux-mêmes si ces enseignements
sont conformes à leur réalité. **À cette époque de
leur vie, les jeunes entre quatorze et vingt
et un ans développent leur corps astral, le
siège des émotions...** Et Dieu sait comment ils
en vivent! Tout doit passer par l'émotion, ce «senti»
qui leur est bien personnel. Ce n'est souvent que
vers la trentaine qu'ils entreront dans la période de
développement de leur corps spirituel. Ils profite-
ront alors de tout ce qu'on leur a enseigné avec
tant de bonne volonté. Les parents sont des guides, et la Vie leur demande seulement de faire du
mieux qu'ils peuvent. C'est tout... et c'est bien assez, croyez-moi!

L'humanité vient de passer par une période très «yang» de son évolution, c'est-à-dire qu'elle a été dominée par les énergies masculines. En contrepartie, l'énergie «yin» féminine devient de plus en plus forte de nos jours, à cause de cette fameuse loi de l'équilibre universel. Depuis les dernières années, des femmes qui, jusque-là, avaient été reléguées à des rôles inférieurs se voient maintenant placées à l'avant-scène. Elles doivent désormais prendre conscience des fonctions primordiales qu'elles ont à assumer dans une société soumise au règne de l'intellect. **Tout doit passer par la femme. Elle est devenue une semeuse de paix** et de connaissances intérieures. Le mâle, absorbé par ses analyses mentales et le maintien de son autorité, a perdu peu à peu, sinon complètement, le contact avec son âme. Et c'est souvent la femme qui a la finesse de l'y ramener.

L'humain n'est pas au sommet de la chaîne de l'évolution, quoi qu'il en pense. Comme dans le monde des animaux, il y a gradation. Regardons les différents degrés de l'évolution animale. Le stade premier serait celui des poissons qui ne vivent que pour se nourrir. Ils se trouvent au niveau du développement primaire de l'amour. Certains abandonnent même leurs œufs aussitôt qu'ils les ont pondus. Puis, les poissons deviennent tortues et expérimentent peu à peu la terre ferme. Ils y évoluent graduellement, jusqu'à ce qu'ils s'élèvent dans le ciel et deviennent des oiseaux. Avec le temps, ils ont acquis cette parfaite liberté de se mouvoir avec souplesse. Et encore, ça ne s'arrête pas là, car certaines espèces d'oiseaux vivent très près de la terre. D'autres, par contre, évoluent seulement dans les régions très élevées de l'atmosphère, ne mettant pratiquement pas les pattes sur terre. Prenez un moment pour regarder où vous en êtes rendu dans votre évolution. N'auriez-vous pas envie de vous élever encore de quelques mètres? **N'hésitez jamais à faire un pas de plus, c'est le secret de la sérénité.**

Arrêtons-nous quelques instants sur notre façon de respirer, cet acte à la fois si simple mais crucial pour notre survie. L'air qui entre dans nos poumons est chargé d'une énergie appelée *prana*. Son rôle est de régénérer à chaque instant les cellules de notre corps. Le principe est simple. Il faut capter la plus grande quantité de *prana* possible et la conserver à l'intérieur de soi assez longtemps pour qu'elle puisse atteindre et nourrir tous nos centres vitaux. Le plus bel exemple à imiter, si l'on veut réapprendre à respirer correctement, c'est celui d'un très jeune enfant qui, lui, le fait par instinct. **L'inspiration devrait être si lente et si douce que, si une plume était placée à l'entrée de nos narines, ses barbes ne bougeraient même pas.** Remplissons nos poumons d'air en gonflant en premier lieu le ventre, puis le thorax, et ainsi de suite en montant jusque dans le crâne. Maintenons durant une fraction de seconde l'air inspiré, puis relâchons-le calmement, en lui faisant suivre le même chemin dans le sens contraire, soit du haut vers le bas. En faisant ainsi quelques respirations profondes et conscientes de temps en temps durant la journée, on rétablit instantanément son équilibre. On reprend ensuite son rythme normal en ressentant la paix qui s'est installée en nous.

L'énergie que l'on possède est précieuse. Elle ne devrait pas être gaspillée afin que l'on en ait toujours une quantité suffisante en réserve pour les jours plus sombres. Tout est énergie: paroles, pensées et actions. Donc, parler pour ne rien dire dépense inutilement de l'énergie. Abuser de ses forces provoque le même gaspillage. Certains grands maîtres orientaux prétendent même que faire l'amour de façon excessive dissipe également notre énergie vitale. Donc, **l'équilibre réside sûrement dans la modération en tout et dans le respect de nos limites.** Tant de choses utiles, gratifiantes et propres à faciliter notre évolution peuvent être accomplies avec cette énergie que nous possédons. Si vous débordez d'énergie, que diriez-vous de vous en faire des réserves au lieu de la dilapider en pure perte? Comment? En en prenant conscience tout simplement. Visualisez que vous amassez en vous des trésors ensoleillés que vous pourrez utiliser ultérieurement, durant les jours plus gris...

La plupart de nos peurs ont comme source l'ignorance. Seul l'inconnu peut être menaçant pour nous. La peur de la mort en est un bel exemple. Si vous croyez qu'après la mort, c'est le «trou», que tout s'arrête là, il est tout à fait logique que vous la fuyiez comme la peste. J'ai moi-même vécu avec cette hantise durant des années et j'ai finalement pris conscience que **la seule façon de m'en libérer était d'apprendre à la connaître.** J'entrepris donc ma recherche en rencontrant des gens qui l'avaient vue de près et qui en étaient revenus tous aussi ébahis les uns que les autres. En outre, je lus presque tout ce qui s'était écrit sur le sujet de la mort et de l'après-vie. Une fois le phénomène bien cerné, je connaissais suffisamment l'objet de ma peur pour qu'il cesse de m'agresser. Ainsi en est-il pour beaucoup de nos peurs. Le seul moyen de les connaître est d'aller les toucher au cœur de nos émotions, afin de bien les identifier, puis d'apprendre peu à peu à les apprivoiser. Le seul fait de les reconnaître et de les saluer au passage est souvent suffisant pour qu'elles s'atténuent, car elles se seront rivé le nez sur votre croissante indifférence.

Des personnes qui ont appris une technique quelconque, lu des livres portant sur des sujets particuliers ou suivi des cours de fin de semaine, s'aventurent un jour, sans plus de préparation, à enseigner ce qu'ils ont appris sans avoir pris soin d'en faire l'expérimentation. Il n'est pas nécessaire de maîtriser tout ce que l'on veut enseigner, mais au moins faut-il en avoir fait une expérimentation suffisamment poussée pour pouvoir en détecter toutes les embûches et être apte à guider nos élèves avec le fruit de notre expérience. Prenez donc le temps de vérifier si vous avez bien intégré toutes les facettes de la personnalité que vous présentez aux autres. Si tel n'est pas le cas, il ne pourra jamais s'établir un climat de confiance entre vous et eux. **Le maître digne de ce nom est celui qui a touché profondément et expérimenté tout ce qu'il enseigne, même s'il n'a pas encore réussi à tout transcender.**

Alors que je vivais une solitude aussi bénéfique que profonde, je rencontrai un couple heureux. De tout leur être émanait la paix, la sincérité et la transparence. La jeune femme portait un enfant dans son sein, et rien d'autre n'existait pour eux que cet état de beauté qu'ils vivaient déjà tous les trois. Je les voyais marcher ensemble, enlacés, le sourire imprégné dans chaque partie de leur être. Je ne leur parlais presque jamais et je ne les épiais pas, car je respectais trop l'intensité de leur relation pour le faire. Je les croisais du regard, et c'était suffisant pour toucher à cette énergie dont j'avais tant besoin. **Si vous avez le cœur gros, cherchez un couple heureux et goûtez simplement à ce qu'ils dégagent.** Si vous formez vous-même un couple heureux, ne craignez pas que l'on vous enlève votre bonheur. Offrez-le; il se multipliera ainsi au centuple, et vous récolterez beaucoup plus que ce que vous aurez donné.

Avez-vous remarqué la similitude entre les mots «amour» et «humour»? Les deux mots commencent différemment, mais ils se terminent de la même façon... Tous les grands personnages maîtrisent parfaitement l'un et l'autre, et en font leurs armes favorites. Ils sont tous les deux essentiels et complémentaires l'un de l'autre, car, **pour faire de l'humour, il faut aimer les gens, et pour exprimer vraiment l'amour, il faut que le rire règne dans son cœur.** Donc, si vous ne possédez que l'un de ces atouts, dépêchez-vous de vous rattraper et de développer son complément. Sinon, dans quelque temps, vous risqueriez de vous prendre un peu trop au sérieux, et votre vanité anéantira peut-être pour toujours votre sens de l'humour et de l'amour. Aujourd'hui, pratiquez votre humour en y mettant tout votre amour... et vice versa! Ha! Ha!...

« Un être conscient et éveillé n'a pas d'honneur, pas de statut, pas de famille, mais seulement une vie à vivre. Il arrête de s'identifier à son personnage et devient "personne". C'est une situation assez équivoque, surtout que depuis son enfance, on lui a montré à devenir "quelqu'un". D'ailleurs, il peut être devenu ce quelqu'un et présenter cet aspect aux gens, et c'est très bien comme cela. **La seule différence, c'est qu'il ne se fera pas prendre aux pièges qui attendent les "quelqu'un" au tournant: les honneurs, l'attachement** à son image et à ses biens matériels ainsi que **le pouvoir** qu'on peut en retirer pour influencer les autres.» (Ram Dass)

On n'est pas ses défauts; on ne fait que les porter. **Si un sentiment de colère monte en nous, disons-nous bien que nous ne sommes pas celle-ci.** Nous lui laissons plutôt un peu de place pour qu'elle s'exprime, puis nous lui disons «au revoir» pour qu'elle s'en aille comme elle est venue. Si on s'identifie à elle, on ne lui permet pas de nous laisser en paix. Il en est de même de toutes les petites émotions désagréables dont on croit devoir être les victimes jusqu'à la fin de nos jours. Si un défaut ou une pensée mauvaise tente d'envahir votre esprit, dites-lui: «Ohé! je t'ai reconnue! Bienvenue chez nous, mais sois bien à l'aise de t'en retourner quand tu auras fini tes fantaisies. Je ne te retiens pas!» Ne luttez pas contre ce qui est, vous risqueriez de souffrir inutilement.

Ram Dass, un homme d'une grande sagesse, disait un jour: «En tant qu'intervenant et chercheur de vérité, plus vous vous apaisez, plus vous pouvez être humain. Et c'est essentiel à la guérison. **Quand vous travaillez sur vous-même, vous êtes constamment nourri.** Quand vous travaillez sur vous-même, tout devient une opportunité de croissance, même l'ennui!» Donc, ne vivez pas avec la crainte qu'on vous prenne pour un égoïste si vous faites passer votre propre bien-être avant celui des autres, surtout si vous êtes en relation d'aide. La personne qui se tient devant vous a beaucoup plus besoin d'une épaule saine et forte que d'un roseau aussi frêle qu'elle. Sachons croître en tout et nous nourrir de tout.

Aux yeux de plusieurs, c'est un cliché de dire que les yeux sont les fenêtres de l'âme, mais cela restera toujours une grande vérité. Par eux, on peut accéder directement à la véritable nature d'une personne. Exercez-vous à analyser ce qui se cache derrière les yeux des gens. Constatez, ne jugez pas. **Soyez toujours à l'affût des émotions ressenties par une personne lorsque vous croisez son regard.** Yeux tristes, joyeux, fatigués, clairs, pétillants, morts, enjoués, etc., apprenez à les lire tous. Par les yeux, vous pourrez détecter le moindre mensonge; et méfiez-vous lorsqu'ils se détournent de vous. Par eux et sans mot dire, vous pouvez aussi exprimer à une personne inconnue que vous l'aimez et que vous la trouvez tellement belle en dedans que vous aimeriez lui ressembler. Par les yeux, vous pouvez transmettre aux autres une énergie d'amour, de guérison et de compassion, mais à la condition qu'ils s'ouvrent à vous et vous permettent d'entrer. Avec vos regards, soyez donc des hôtes et non des intrus, des soutiens et non des juges.

Avez-vous déjà ressenti un profond senti-ment d'impuissance devant une situation où vous n'aviez pratiquement aucune pos-sibilité d'intervenir? Quand on ne peut rien faire ou qu'on est incapable de faire quoi que ce soit, **il est parfois préférable d'accepter notre im-puissance avec humilité et de s'en référer à l'Être suprême,** en priant pour que l'aide arrive autrement. Thomas Merton explique bien cette at-titude: «Si quelqu'un est en train de se noyer dans la rivière, et que vous ne savez pas nager, inutile de vous précipiter pour vous noyer avec lui. Mais si vous pouvez trouver un bon point d'appui auquel vous agripper, vous pouvez venir en aide à cette personne.» Alors, un petit conseil à tous ces sauve-teurs qui seraient prêts à laisser leur peau pour défendre des causes impossibles: faites montre d'un peu plus de vigilance dans vos croisades et essayez de ne pas aller au-delà de vos capacités.

Savoir dire non n'est pas facile, avouez-le. Si vous n'arrivez pas à le faire, il vous faudra sûrement l'apprendre! Voici ce que Ram Dass a dit là-dessus: «**Un des arts les plus importants de la guérison, c'est d'apprendre à dire non sans fermer son cœur.** Imaginez que vous êtes au chevet d'un malade aux prises avec une grande souffrance; vous lui tenez la main. Êtes-vous capable de lui dire que vous devez le quitter pour aller à une fête? Apprenez à dire non. Sachez déterminer vos limites sans vous sentir mal ou mauvais pour autant. La souffrance dans l'Univers est sans limite et infinie. Il n'y a aucune façon pour vous d'éliminer la souffrance dans le monde.» Donc, si vous voulez insuffler du calme à quelqu'un, il vous faut d'abord le dégager vous-même et, pour ce faire, il faut vous reposer. Sachez dire non, mais avec sérénité et avec un cœur quand même tout grand ouvert.

Quand on demande de l'aide à l'Univers, il faut s'attendre à la recevoir, mais pas toujours de la façon dont on l'imagine ou l'espère! Un homme qui avait une croyance infuse en Dieu et qui vivait dans l'abandon le plus total se retrouva un jour au beau milieu de la mer après que son bateau eut fait naufrage. Il implora alors le Seigneur, le suppliant de lui porter assistance et de le sortir du pétrin. Après avoir fait sa demande, il attendit patiemment l'intervention divine. Celle-ci se manifesta immédiatement: le Seigneur fit appel à un pêcheur qui passait par là et lui demanda d'aller recueillir le pieux naufragé. Ce que celui-ci s'empressa de faire. Mais alors qu'il s'apprêtait à sortir le malheureux de l'eau, ce dernier dit: «Non! non! Pas la peine! Continue ta route. J'ai demandé à Dieu de me sauver et je suis sûr qu'il le fera; seule ma foi me sauvera!» Et il se noya! L'histoire parle d'elle-même, n'est-ce pas? **L'aide que nous envoie l'Univers est parfois si près de nous qu'on a peine à la voir...**

Chacun de nous porte dans ses gènes des signes distinctifs auxquels il ne peut échapper, certaines pulsions très fortes devant lesquelles il ne peut que se sentir démuni, tel le scorpion de l'histoire qui suit. Un scorpion voulait traverser un lac. Il demande à une grenouille qui passait par là, s'il ne pourrait pas monter sur son dos pour se rendre sur l'autre rive. La grenouille lui dit: «Si tu penses que je vais faire ça! J'ai bien trop peur que tu ne me piques et que nous coulions tous les deux.» «Bien non, sourit le scorpion en toute innocence, si je faisais cela, nous mourrions tous les deux, et ce ne serait certes pas à mon avantage.» Convaincue de sa sincérité, la grenouille le fit monter sur son dos et se mit à nager. Au milieu du lac, elle sentit une douleur aiguë lui transpercer le dos. Perdant ses forces, elle coula au fond avec son passager. Mais avant de mourir, elle eut le temps de demander à son assassin: «Mais, pourquoi as-tu fait ça?» «Je te demande pardon, fit le scorpion, désolé. **Je n'ai pas pu faire autrement, car c'est dans ma nature.»**

Les animaux ont-ils une âme? Évoluent-ils comme nous, à la recherche d'une quelconque perfection? De nombreuses théories circulent sur le sujet, mais la plus plausible à mes yeux est la suivante: **les animaux possèdent des âmes-groupes, contrairement à nous qui avons des âmes distinctes.** Ils viennent sur terre pour vivre des expériences et en rapporter ensuite les résultats à leur âme-groupe, lui permettant ainsi de se raffiner. Cette théorie permet d'expliquer l'évolution des différentes races d'animaux — en bien ou en mal, selon l'attitude des hommes à leur égard — avec les siècles. Les chevaux, par exemple, de par l'attention et le respect qu'on leur donne, deviendront de plus en plus intelligents avec les âges. Lorsque Grisette, ma petite chatte, mourra, elle enrichira toute la race des chats de tout l'amour que je lui ai prodigué. Tout ce que les animaux nous demandent, c'est un peu d'amour et de respect; ils feront de même avec nous.

Certains animaux sont considérés comme les maîtres de leur race; par conséquent, ils ont beaucoup à nous apporter. Ainsi en est-il de l'éléphant qui nous prouve que la puissance et la douceur peuvent être incarnées parfaitement dans le même être. **Il nous montre aussi qu'il n'est pas nécessaire de manger de la viande pour avoir de la force, puisque l'éléphant est végétarien...** Le chat, par sa fluidité et son caractère, à la fois indépendant et tendre, nous montre comment vivre intensément chaque moment. Le chien, quant à lui, est le modèle incontesté de la fidélité et du non-jugement. Que son maître soit beau ou laid, infirme ou malade, il l'aimera toujours de la même façon. Le cheval tire sa force de son mental et nous apprend qu'on peut maîtriser celui-ci. D'ailleurs, c'est, dit-on, le premier animal avec lequel l'homme pourra communiquer par le biais de son intelligence. Les animaux ont beaucoup à nous apprendre. Sachez les regarder avec les yeux de votre cœur.

Dans votre cheminement spirituel, seriez-vous toujours enclin à appuyer sur les freins, de peur de vous laisser entraîner sur des chemins trop sinueux? Éprouvez-vous de la réticence à vous ouvrir à l'énergie que les autres voudraient bien vous transmettre? Eh bien! vous êtes peut-être comme cette maison dont les murs seraient percés d'immenses fenêtres... dont on aurait négligé d'ouvrir les volets. Dehors, il fait un temps splendide, mais personne ne s'en doute en dedans, car il y fait si sombre! Votre âme est toute prête à laisser pénétrer la lumière mais votre mental, animé par ses peurs, érige autour de vous mille barrières. Pourtant, vous ne courriez aucun risque à ouvrir peu à peu, selon votre rythme et votre bon vouloir, les volets de votre maison. De toute façon, vous avez toujours le loisir de les refermer si le soleil vous aveugle! Ouvrez-en un à chaque jour, de plus en plus grand. **Ne craignez plus jamais la connaissance. Méfiez-vous plutôt de l'ignorance** et de la panoplie de trucs que le mental mettra en place pour vous y maintenir...

Les animaux ont été créés pour parfaire leur évolution sur la terre tout en étant au service de l'homme et en profitant de l'amour et du respect que ce dernier peut leur prodiguer. Avec le temps, cette notion de «service» a été transmuée en «esclavage». **L'animal est devenu pour certains une «chose» sans âme n'ayant aucune importance,** sauf pour ce que l'on pouvait en tirer. J'ai vu un jour un film où un Africain n'ayant jamais été en contact avec la civilisation (il était encore pur...) était parti à la chasse. Apercevant une gazelle, il jeta sa lance dans sa direction et atteignit la bête. S'approchant de l'animal à pas feutrés, comme pour ne pas l'effrayer davantage, il lui demanda avec beaucoup d'amour s'il pouvait prendre sa vie afin de nourrir de sa chair sa femme et ses enfants. La gazelle tourna légèrement la tête vers lui, comme en signe d'acceptation, et l'homme l'acheva avec **respect et dignité.** Je compris à ce moment que tout animal est notre égal et qu'il possède la même étincelle divine que l'on se doit de respecter.

Voici un petit truc pour vous faire découvrir avec quelle simplicité vous pouvez faire entrer l'énergie divine en vous. Si vous avez de la difficulté à vous endormir ou si vous voulez simplement profiter de quelques minutes de repos, étendez-vous sur le dos et prenez quelques respirations lentes et profondes pour libérer vos tensions. Puis, placez votre main droite sur votre plexus solaire (sur le «V» formé par la rencontre de vos côtes, au centre de votre poitrine) et laissez reposer délicatement votre bras gauche le long de votre corps, la paume de la main tournée vers le haut. Maintenant, **imaginez que les doigts de votre main gauche sont de petits aspirateurs qui tirent de l'atmosphère environnante une énergie de calme et de paix.** Aspirez cette énergie; laissez-la circuler dans votre main, dans votre bras gauche, dans vos épaules; sentez-la redescendre par le bras droit et pénétrer, par le biais de votre main droite, dans votre plexus solaire. Continuez cet exercice durant quelques minutes, en laissant le mouvement de l'énergie se faire automatiquement. Sentez le calme vous envahir peu à peu; abandonnez-vous-y... et bon voyage!

Avez-vous de la difficulté à vous détacher des gens que vous aimez? Avez-vous réussi à «couper le cordon» avec vos enfants afin qu'ils aient la possibilité d'aller seuls dans la vie sans être constamment couvés? Ressentez-vous de l'amertume envers certaines personnes qui ne vous visitent pas assez souvent? Un degré supérieur de l'amour consiste à **aimer tellement les gens qu'on leur permet de s'éloigner de nous, et même de ne plus jamais nous donner de leurs nouvelles, sans pour cela cesser de les porter dans notre cœur.** Ce genre d'amour est aux antipodes de l'attachement possessif qui est, hélas, si courant. Alors, si vous voulez que les gens vous aiment vraiment pour ce que vous êtes, acceptez que les liens qui vous unissent se distendent peu à peu. Sachez «donner de l'air» à vos amitiés, sinon elles risquent de mourir un jour d'étouffement.

Qu'entend-on par le mot «vibration»? Tout ce qui existe vibre à une fréquence plus ou moins grande. Plus cette dernière est élevée, plus elle est subtile; et plus elle est basse, plus elle devient dense. **Quand vous méditez, vous élevez vos vibrations pour atteindre les régions les plus pures.** Si vous êtes en colère, vos vibrations diminuent, et vous n'êtes pas «bien». Tous les corps qui constituent votre être recherchent un équilibre constant. Ainsi, si vous abaissez les vibrations de votre corps physique — au moyen de la relaxation, par exemple — celles de vos corps subtils s'élèveront automatiquement pour contrebalancer. À l'inverse, si vous venez de terminer la pratique d'un sport demandant un effort intense, les vibrations de votre corps physique seront très élevées. Celles de votre esprit (corps subtils), par contre, deviendront très basses, ce qui pourra se traduire par une éventuelle difficulté à vous concentrer ou à méditer. Connaissant ce processus, il vous sera plus facile de vous préparer plus adéquatement à un quelconque travail spirituel. Vous pourrez préalablement abaisser les vibrations de votre corps physique par la relaxation ou la méditation, afin que votre esprit puisse s'élever de lui-même.

Un être qui était cher à votre cœur est décédé, et vous voudriez lui parler, lui demander des choses? C'est tout à fait compréhensible et c'est facile à réaliser, car lorsqu'elle se trouve dans l'autre dimension, l'âme peut communiquer très facilement par la pensée ou par le rêve. Dans bien des cas, durant les quelques heures ou les jours suivant le décès, une âme fait le tour de sa parenté et de ses amis pour leur adresser un dernier au revoir; elle leur dit comme elle est bien ou elle leur glisse simplement des messages qu'elle n'a pas pu leur livrer de son vivant. **Combien de gens ont eu la sensation ou ont rêvé que le défunt leur parlait? Au réveil, ils se rappellent exactement chacune des paroles** qu'ils ont entendues! Une fois que ce dernier contact a été fait, de grâce, laissez l'âme s'envoler en paix, si elle le désire, bien sûr, et ne vous accrochez pas inutilement au passé. Par contre, si vous sentez le besoin de recontacter cette âme un peu plus tard, élevez-vous vers elle, par la pensée, au lieu de l'obliger à descendre dans les basses vibrations terrestres. Comment? En téléphonant à Dieu (en prière, évidemment...) et en lui demandant de vous passer telle ou telle personne. Simple, n'est-ce pas? Mais ça marche!...

On entend souvent dire que les enfants ne choisissent pas leurs parents et que tout ce miracle de la conception et de l'enfantement n'est que le fruit du hasard. Je crois sincèrement le contraire. Selon moi, **l'âme en voie d'incarnation sait exactement où elle va et ce qu'elle risque en descendant ici-bas.** Alors, me direz-vous, pourquoi une âme choisirait-elle de s'incarner dans une famille où elle sait que les risques d'avortement sont élevés? C'est qu'au niveau des âmes, une entente a été prise entre la mère, le père, l'enfant et le reste de la famille afin que cette expérience ait lieu, quel qu'en soit l'aboutissement. Il s'agit souvent aussi de la reproduction fidèle de ce qui s'est peut-être passé dans une autre vie. Mais cette fois, les rôles seraient inversés: l'enfant à naître serait alors la mère, et la mère, l'enfant, avec le même dilemme à résoudre. Si l'avortement est évité et que la mère choisit de garder son petit en vie, la roue du karma aura tourné. Sinon... ce sera pour une autre fois. En toute circonstance, essayons de nous élever au-dessus de ce que peuvent nous montrer nos yeux physiques et notre mental. Le sage voit une raison d'être en tout.

La pensée positive, aussi simpliste qu'elle puisse paraître, est pourtant une condition essentielle à tout être qui désire un jour passer à un niveau de conscience plus élevé. Sans elle, tout avancement spirituel est voué à s'atténuer très rapidement ou à se voir confronté à des barrières infranchissables. Être positif ne veut pas dire faire l'autruche et se cacher la tête dans le sable en se disant que tout est beau, surtout quand le contraire est évident! **Il est beaucoup plus réaliste de constater la présence du négatif autour de soi, mais sans s'y attarder,** cherchant plutôt une façon de le transformer. C'est souvent un travail de titan que de penser constamment de façon positive. Mais le résultat de nos efforts en ce sens comporte une telle richesse que nous en serons très largement récompensé. Aujourd'hui, mettez toute votre bonne volonté pour trouver un côté positif à chaque situation. Si vous ne pouvez y arriver, n'hésitez pas à demander de l'aide autour de vous. Il se trouvera toujours quelqu'un sur votre route...

Vous avez suivi une quantité astronomique de cours de croissance personnelle, votre bibliothèque est remplie à craquer de ces livres qui vous ont accompagné et vous ont tant aidé durant votre démarche, et maintenant, vous ne vous sentez plus attiré par eux et cela vous désole? Vous avez l'impression de tourner en rond et d'entendre toujours les mêmes histoires? Ce phénomène est tout à fait normal. C'est peut-être signe que vos premières classes sont terminées, que vous avez obtenu vos diplômes et que vous êtes maintenant prêt à passer à l'université. Si certaines personnes aiment ressasser les mêmes vérités durant de longues années, c'est qu'elles apprennent plus facilement par la répétition. Mais il est important de savoir que, **lorsqu'on est prêt à graduer, les pulsions de notre âme nous incitent à délaisser nos anciennes croyances** et à aller de l'avant avec de nouvelles. Nos maîtres changeront, nos livres aussi, et peut-être même seront-ils moins nécessaires qu'avant. Il est sans doute temps pour vous de faire le point sur votre orientation spirituelle. Êtes-vous prêt à transcender certaines croyances qui ne «collent» plus et à dépasser ces vieilles habitudes que vous ne conservez que par obligation morale?...

Dans la nouvelle ère qui s'amorce, les guérisseurs, tels qu'on les a connus jusqu'à maintenant, sont appelés à disparaître lentement. Non parce qu'ils n'auront plus leur utilité, mais plutôt parce que leur rôle se verra radicalement transformé. Ceux qui resteront deviendront des enseignants. En effet, le monde de demain incitera les gens à se reprendre en charge. Par le fait même, ils auront de moins en moins besoin de mettre leur sort et leur santé dans les mains des autres. C'est pourquoi **ces grandes âmes qui pratiquent la guérison doivent dès maintenant modifier leur approche.** Petit à petit, elles devront expliquer à leurs clients les façons de s'autoguérir afin que, la prochaine fois, ceux-ci puissent faire un pas de plus avant de venir consulter. Comme ils possèdent leur matière à fond pour l'avoir expérimentée, ces maîtres de la santé sont les plus aptes à l'enseigner. Prenez donc conscience que chacun possède en lui des capacités d'autoguérison extraordinaires. Il n'a qu'à apprendre à s'en servir pour qu'elles deviennent de plus en plus efficaces.

Tout le monde connaît, ne serait-ce que pour en avoir entendu brièvement parler, ce qu'est la visualisation créatrice. Pour résumer, disons qu'il s'agit d'une technique par laquelle on visualise une situation pour qu'elle se concrétise plus facilement dans notre vie. Il existe une théorie très intéressante qui occupe actuellement l'esprit de nombreux physiciens et chercheurs de vérité. Selon cette théorie, **le passé, le présent et le futur se dérouleraient en même temps**, et ces trois paliers pourraient s'influencer mutuellement. Cette optique expliquerait d'une certaine façon les rouages de la visualisation. Si, par exemple, on doit donner une conférence dans quelques jours et que ça nous énerve au plus haut point, on n'aurait qu'à vivre l'événement par anticipation. On se concentre alors sur le fait que tout se déroule à merveille et que tous les gens présents sont ravis de ce qu'ils entendent. On refait cet exercice à maintes reprises pour bien fixer l'événement. Il ne reste plus ensuite qu'à le concrétiser sur le plan physique, en sachant que tout a déjà été fait sur le plan énergétique. Il ne s'agira alors que d'une simple répétition de ce qui a déjà été réalisé dans l'énergie. Fascinant, n'est-ce pas? Même si notre cerveau ne peut concevoir une telle démarche, ayons la sagesse de ne pas la rejeter du revers de la main. Mettons-la plutôt en veilleuse en nous disant: «Pourquoi pas?» Peut-être alors la vie nous apportera-t-elle, dans un avenir prochain, d'autres explications plus compatibles avec notre façon de penser...

Est-il possible de se sentir en vacances alors qu'on travaille et de travailler même quand on est en vacances? L'homme sage vit dans cet état d'âme qui est d'ailleurs facilement envisageable pour tous ceux qui le veulent vraiment. Pour adopter cette nouvelle vision des choses, il faut cependant réunir certaines conditions: faire un travail que l'on aime; jouir d'une assez grande liberté d'action; démontrer certaines aptitudes à vivre intensément le moment présent. Il est bien évident que notre mentalité ainsi que celle de notre employeur doivent être modifiées si nous voulons faciliter le processus. Car, avec la course effrénée aux performances, **nous avons appris à ne jamais nous amuser durant le travail.** En réaction à ce régime d'austérité, on ne se sent évidemment pas porté à penser ou à parler travail lorsqu'on est en vacances, et c'est tout à fait compréhensible. Pour pouvoir vivre dans le genre de climat professionnel auquel j'aspirais, j'ai dû un jour créer ma propre entreprise. Depuis lors, je m'amuse, la plupart du temps, à travailler et je me sens presque continuellement en vacances, même dans les périodes les plus achalandées. Seul mon état d'esprit a fait la différence. Et vous, que pourriez-vous faire pour améliorer votre situation de travail? Ne pourriez-vous pas trouver une façon de vous y amuser davantage, tout en fournissant le même rendement?

Un couple heureux dont les deux éléments ont atteint la maturité nécessaire pour marcher continuellement ensemble, dans la même voie, a ceci de particulier: le détachement des ego dans une union permanente des âmes. Ces disciples de l'amour ne ressentent plus le besoin d'être continuellement l'un près de l'autre, puisqu'ils jouissent entièrement de la présence de l'autre quand ils sont ensemble. Ils peuvent être séparés «de corps» durant des semaines sans qu'aucune des deux consciences ne se sente coupable de ne pas être avec l'autre. La confiance qui règne chez ces «pros» de la vie à deux est inébranlable, et rien ne peut la briser. Les âmes de ces amoureux sont enfin fusionnées. Fortes de l'expérience de vie commune qui a mené leur ego respectif jusqu'à ce sommet, **elles savent éviter les pressions qu'elles pourraient se mettre l'un sur l'autre, car elles ne veulent pas s'étouffer par un attachement excessif.** Seriez-vous en voie d'atteindre cette maturité? Ne laissez rien vous en détourner!

Le sentier de l'évolution nous amène invariablement à rapprocher de nous ce Dieu qui nous a parfois été présenté comme étant si éloigné, et même pratiquement inaccessible. Notre continuelle ouverture d'esprit permettra à cet Être suprême de devenir peu à peu notre Ami intime, jusqu'à ce qu'Il devienne une partie intégrante et vivante de soi. Mais cette réconciliation ne peut évidemment se faire tout d'un coup et par le seul biais de la pensée. Il nous faut nous entraîner à cela! **Prenez donc le temps qu'il faut pour ramener ce Dieu près de vous, à votre rythme et à travers toutes vos expériences quotidiennes,** si banales soient-elles. Pour éclaircir votre pensée et résoudre vos problèmes, des plus simples aux plus cruciaux, parlez directement à cette Énergie divine qui ne se trouve plus dorénavant à des centaines de milliers de kilomètres de vous, mais seulement à quelques centimètres! Vous serez étonné par la rapidité et la clarté des réponses que vous recevrez en vous adressant ainsi directement à l'Ami le plus intime que vous puissiez avoir: Dieu, dans toute Sa simplicité. Prenez le temps d'apprivoiser Sa présence à vos côtés, puis laissez-Le entrer en vous en toute confiance. À partir d'aujourd'hui, vous ne serez plus jamais seul!

Quand on est enfant ou que l'on n'a pas acquis la maturité nécessaire pour s'autodiscipliner et vivre en harmonie avec soi-même et avec les autres, on pousse constamment notre entourage à nous donner les leçons qui nous permettront de poursuivre notre évolution et d'atteindre les objectifs fixés par notre âme. Tout ce processus se fait inconsciemment, il va sans dire! Les enfants ont besoin que les adultes leur imposent des limites pour ne pas sombrer dans l'excès. Ainsi, on a souvent le don d'attirer les gens et les événements qui nous indiqueront — souvent par des moyens détournés — la direction à suivre ou à éviter. **La vie nous impose le même régime que celui que l'on utilise pour éduquer nos jeunes: le règlement,** lequel, s'il n'est pas suivi, entraîne inévitablement une punition. Cette dernière n'est jamais une vengeance mais plutôt une incitation à la réflexion. Dans votre vie personnelle, quels sont les règlements que vous devez suivre? Quel est, selon vous, le but recherché par votre âme en vous les imposant? Quelle analyse pourriez-vous faire des messages reçus pour éviter d'avoir à souffrir inutilement?

Accepter de jouer pleinement son rôle sans trop poser de questions, même si cela nous semble parfois futile ou ne nous plaît pas tellement, voilà la plus belle façon que l'on ait de se faciliter la vie et de la mener dans le sens que l'Être suprême l'a dessinée pour nous. Face à nos enfants, par exemple, on a toujours un rôle bien particulier à jouer. Ceux-ci ne se seraient pas incarnés dans notre famille s'ils n'avaient rien eu à apprendre de notre expérience! Ils nous ont sûrement choisis parce que nous pouvions les aider, d'une manière ou d'une autre, à devenir des adultes responsables. Les parents ont donc intérêt à s'accepter comme ils sont et à réunir leurs forces pour les mettre au service de leurs enfants. Alors, même l'autorité dont vous ferez montre ou les conseils que vous aurez tendance à exprimer, parfois malgré vous, ne viendront plus brimer l'enfant, mais remplir chez lui un besoin inconscient. **Comme pour une pièce de théâtre, si on n'accepte pas son rôle, on le joue mal.** Par contre, si on s'y donne corps et âme, aucun effort excessif ne sera nécessaire pour livrer notre performance. Chacun a une charge bien précise à remplir dans ce grand jeu de la vie. Sachant cela, on laissera plus de liberté d'action aux autres, particulièrement à notre conjoint, à qui on permettra de prendre sa place dans l'éducation des enfants.

Le fait d'encadrer les enfants constitue une excellente manière de leur montrer qui ils sont, quels sont leurs aptitudes, leurs faiblesses, leurs qualités et leurs défauts. **S'ils sont laissés à eux-mêmes, sans personne pour les guider, comment pourront-ils savoir si ce qu'ils font est bien?** si les particularités de caractère qu'ils développent pourront les aider à vivre plus heureux dans la société où ils s'apprêtent à jouer un rôle actif? À mon avis, encadrer un enfant, ce n'est pas le brimer dans sa liberté. C'est, au contraire, l'aider à se connaître lui-même et à bâtir son avenir sur des bases solides dont il sera fier plus tard. Les enfants laissés à eux-mêmes s'enlisent souvent dans des sables mouvants dont ils ne peuvent se sortir qu'à la suite d'événements difficiles et douloureux qui auraient pu être évités.

La détermination est le côté positif de l'entêtement. D'ailleurs, tout défaut a en contrepartie une qualité qui peut être mise à profit par la personne qui en est dotée. La détermination en est une belle preuve, car elle peut faire l'ultime différence entre l'échec et le succès, qui ne sont souvent séparés que par un mince voile. Lorsque j'entrepris de trouver un éditeur pour publier mon premier livre, je dus éveiller cette qualité qui sommeillait en moi. Il me fallut mettre constamment un pied en travers de la porte qu'on s'apprêtait à refermer devant moi et demander au... portier... ce que je pourrais bien faire de plus pour pouvoir entrer. Devant mon insistance et ma bonne volonté, on m'offrait chaque fois une alternative qui me permettait de me rapprocher un peu plus du but visé. **La détermination est ce qui nous pousse à faire un pas de plus, ce pas qui fait souvent la différence entre réussir et échouer.** Si vous êtes convaincu qu'un but que vous vous êtes fixé est atteignable, ne vous laissez jamais décourager par le premier venu ou par la première difficulté. Il y a toujours une route qui peut vous mener vers votre objectif. Il ne s'agit que de faire preuve d'assez de patience et de détermination pour la trouver!

Vous connaissez tous de ces gens qui, lorsqu'ils sont en vacances, parlent presque constamment de leurs affaires, et qui, lorsqu'ils travaillent, rêvent continuellement de voyages. Ces personnes ne vivent jamais pleinement le quotidien. **Elles ne seront jamais heureuses tant qu'elles ne cultiveront pas cette qualité si extraordinaire que j'appellerais le «culte de l'instant présent».** Si vous êtes présentement en voyage, prenez un léger recul et trouvez le nombre de fois, au cours des douze dernières heures, où vos conversations, aussi bien que vos pensées, vous ont ramené vers vos enfants, vos parents, votre travail, vos amis. Pour les personnes — un peu moins chanceuses... — qui sont au travail ou à la maison, demandez-vous combien de fois vous vous êtes évadé en pensée alors que vos occupations si importantes auraient eu besoin de toute votre attention. Vivez donc pleinement ce que la vie vous offre aujourd'hui. Demain, vous aurez toute l'énergie nécessaire pour effectuer ce que vous avez à faire, et pour hier, vous n'y pouvez plus rien, de toute façon!

Une grande preuve de maturité serait de ne jamais envier les autres pour quoi que ce soit et de ressentir plutôt un tel bonheur de ce qui leur arrive que vous en retirez presque autant de satisfaction qu'eux-mêmes. **Imaginez que votre meilleur ami vient de gagner un voyage de rêve dans un pays de soleil,** que vous-même avez toujours rêvé de visiter et pour lequel vous avez même fait des économies après avoir travaillé à la sueur de votre front pendant des mois. Et voilà que cet ami, sans que ça ne lui coûte aucun effort, reçoit ce cadeau tout cru dans le bec! Quelles réactions et quels sentiments profonds vous envahiraient alors? Ne vous cachez pas la vérité; prenez le temps de bien y réfléchir. Si vous ressentez de la jalousie, si légère soit-elle, prenez-en juste conscience. Si c'est de la joie, estimez-vous comblé et aimez-vous pour cela, car vous avez fait un grand pas. Avec cette nouvelle connaissance de vous-même, poursuivez votre route en ayant davantage conscience de l'harmonie parfaite que vous vous devez de semer autant que de récolter. Et Dieu sait tout ce que vous récolterez si vous n'enviez plus le bonheur des autres.

Quand on est convaincu que Dieu est partout, c'est-à-dire au cœur de toute chose, on se met curieusement à parler, à dialoguer avec tout ce que l'on rencontre, en particulier avec ce que l'on trouve de plus beau. On se mettra instinctivement à exprimer à une fleur toute l'admiration que sa beauté nous inspire et la joie que nous en retirons. Un arbre magnifique deviendra un fidèle confident à qui on parlera comme à un ami qui ne porte pas de jugement, un ami rempli à profusion de cette sève de jeunesse qu'il peut partager avec nous en tout temps. Une vieille dame souriante rencontrée par hasard deviendra cette image idéalisée de ce que nous aspirons à devenir plus tard. La mer ne nous laissera jamais indifférent et elle nous enseignera constamment la sagesse, de par son mouvement et sa profondeur. **Dieu est en tout, Il nous parle par tout.** On n'est plus jamais seul quand on se rend simplement compte de Sa proximité.

Verser des pleurs, c'est un peu comme permettre à un abcès de crever afin que la guérison puisse ensuite s'amorcer. Si on ne laisse pas la nature suivre son cours pour qu'une salutaire libération s'opère, on bloque ses chances d'évolution. Les larmes nous libèrent et, si on se prend ensuite en main, on peut déboucher sur des chemins nouveaux. L'équilibre a quand même toujours sa place. **Pleurer sans arrêt nous conduit de la libération à la dépendance.** Certaines personnes ont tendance à s'accrocher désespérément à leur peine et à se complaire dans les pleurs qui en sont les éternels témoins. Une plaie ne pourra jamais se cicatriser complètement si on la gratte continuellement. Mais si on accepte le fait que le temps pourra seul en faire disparaître les traces, la cicatrisation se fera plus rapidement.

Un grand maître du nom de Muktananda disait que **la méditation n'est pas une activité que l'on pratique mais un état dans lequel on glisse,** tout comme on glisse dans le sommeil. Il la comparait aux quatre roues d'une voiture qui, en réalité, sont ses supports. La première roue est la prise de conscience de l'objet de la méditation. Sur quoi médite-t-on? Le meilleur objet est le Soi intérieur. Cette première étape contribue à faire taire le bavardage de l'intellect. La deuxième roue est le *mantra*, un mot cosmique où une vibration est utilisée pour canaliser l'énergie mentale qui se disperse habituellement au hasard des pensées. La troisième roue est l'*asana*, où la position du corps doit être relâchée pour amener l'esprit à la détente. La dernière roue, le *pranayama*, est la respiration naturelle et spontanée du mantra. Quand les quatre roues se réunissent, la méditation se fait naturellement.

« Quand la méditation s'approfondit, on atteint un lieu où on ne voit ni n'entend rien, où tout est béatitude. **À ce niveau d'intériorisation, on peut détecter une minuscule lumière bleue, la lueur du Soi que l'on appelle "la Perle Bleue".** Elle est le corps le plus intime de l'âme, d'une fascinante et indescriptible beauté. Elle se déplace à la vitesse de l'éclair et sort par les yeux du méditant, se tenant ensuite devant lui. On la dit de la grosseur d'une graine de sésame, pourtant si vaste qu'elle contient l'Univers entier. Dès que vous commencerez à la voir en vous, vous la verrez alors dans les autres. Il n'est pas donné à tous de contempler la perle bleue et celle-ci ne doit pas non plus devenir une fin, mais un cadeau bien mérité. Le plus merveilleux serait peut-être de reconnaître cette perle bleue en chacun, sans pour autant la voir réellement. » (Swami Muktananda)

La méditation la plus parfaite consiste à **se fondre entièrement dans chaque geste que l'on pose.** Voici à ce sujet une histoire merveilleuse. Un aspirant à l'Initiation étudiait la méditation depuis des années avec un grand maître. Il se rendit un jour chez lui pour lui dire qu'il était maintenant prêt à passer à l'étape de l'Initiation. Il dit à son maître qu'il avait acquis la maîtrise complète de ses sens, de ses pensées et de ses émotions et qu'il sentait que ses années d'efforts à méditer comme un grand gourou avaient porté fruit. Le maître l'interrompit et lui demanda si ses souliers, qu'il avait laissés à la porte, étaient à la droite ou à la gauche de son bâton de pèlerin. Le disciple ne sut que répondre, n'ayant pas fait attention à ce geste, sans importance pour lui. Le maître lui dit alors de recommencer son apprentissage à zéro, car il n'avait rien compris du but de la méditation: vivre entièrement le moment présent...

Sans le savoir, nous avons sous nos pieds la meilleure source de guérison du monde: notre Mère la Terre. Celle-ci a en effet la capacité de transformer tout ce qui est infect en une énergie nouvelle et pure qui fera ensuite pousser toutes sortes de plantes. Elle absorbera une vieille feuille d'arbre, le corps d'un animal mort, même des excréments humains; elle les transformera dans ses «laboratoires» et en fabriquera de l'engrais qu'elle retournera à sa surface pour nourrir la nature. C'est le plus merveilleux et le plus naturel des cycles qui soit. De la même façon qu'elle transmute la pourriture en énergie de régénération, **notre Mère la Terre peut absorber nos maladies et nous les retourner en énergies de guérison.** Trop simple, n'est-ce pas? Faites-en l'expérience. À votre prochain mal de tête, envoyez-le d'un geste de la main à la Terre, demandant à cette dernière de l'absorber et de vous retourner l'énergie de guérison ainsi que la connaissance quant à sa cause... et on en reparlera!

On dit que chaque objet porte les vibrations et états d'âme des personnes qui l'ont fabriqué, emballé, acheté, donné, etc. Pouvez-vous maintenant imaginer toutes les personnes qui sont «présentes» d'une façon ou d'une autre dans votre maison? L'existence de ces énergies explique pourquoi des enfants s'attachent à certains jouets qui ont été faits avec amour, tandis qu'ils ne joueront jamais avec d'autres qui ont coûté le double du prix, mais qui portent en eux les énergies disharmonieuses de ceux qui les ont fabriqués. Il est donc intéressant d'être à l'écoute de ce qu'on ressent devant certains objets. Dans le même ordre d'idée, **notre chambre à coucher devrait être l'endroit le plus intime de la maison.** Que pensez-vous qu'il s'y trouve quand on y voit la photo de sa belle-mère, le bibelot offert par une vieille tante, les souvenirs de nos cinquante derniers voyages, etc.? Ne trouvez-vous pas que ça fait beaucoup de monde dans votre intimité? Pourquoi ne pas garder dans cet endroit uniquement ce qui vous est vraiment personnel? Vous vous y sentiriez peut-être mieux…

Certaines personnes atteintes de maladies graves ou ayant subi un sérieux accident peuvent se retrouver entre la vie et la mort. Peut-on faire quelque chose pour elles afin de les aider à s'en sortir? Comment réagir si on se voit confronté un jour à ce dilemme? Si l'âme de la personne a vraiment décidé qu'il était temps pour elle de se séparer de son corps, il n'y a rien à faire. La nature suivra son cours quoi qu'on fasse. Si ce n'est pas le cas, on peut intervenir au meilleur de notre connaissance en n'oubliant jamais notre rôle d'«outil» et non de guérisseur! **En se contentant de n'être qu'un canal de l'Énergie divine, on ne se trompe jamais.** Comment faire pour connaître le choix de l'âme? En agissant comme si elle désirait guérir, en n'ayant aucune attente, en acceptant avec sérénité son choix de vivre ou de partir et en considérant celui-ci comme le meilleur pour elle dans les circonstances. Quel pas ferait l'humanité si elle pouvait comprendre que la mort n'est qu'une transition vers un état tellement naturel et supérieur!

On dit que toute faillite survenant dans une compagnie est souvent le résultat d'éventuelles pensées défaitistes de l'un ou de plusieurs de ses fondateurs. **Si vous possédez une entreprise et vous retrouvez dans une situation difficile alors que sa survie est mise en danger, reportez-vous en arrière à ses tout débuts.** Aviez-vous peur de ne pas être à la hauteur? Vous avait-on dit, dans votre jeunesse, que toute entreprise était vouée à un éventuel échec et à la faillite si on ne s'en occupait pas assez? Ou bien aviez-vous peur que... ça marche trop bien et que vous soyez débordé? Si vous découvrez que certains de ces points ont accompagné la croissance de votre entreprise, soyez heureux d'y voir maintenant clair et ne craignez plus rien. Seulement le fait de prendre conscience de ces éléments pourra suffire à en annihiler les effets. Apprenez dès lors à en rire plutôt qu'à en ressentir de la culpabilité et, de grâce, lâchez prise.

Les gens qui se plaignent de tout, qui ne sont jamais contents de leur sort, de leur travail, de leurs gouvernements ont tous la même maladie: l'ignorance, issue de leur manque de compréhension et de confiance en la vie. Ces mécontents chroniques sont tellement malheureux qu'ils passent leur temps à crier leur déception à cause de leur impuissance devant les événements. Remettant toujours leur sort entre les mains des autres, ils sont inexorablement condamnés à subir leur vie tant qu'ils n'auront pas compris que la société est le reflet de ce qu'ils sont eux-mêmes. C'est seulement en comprenant la loi de l'évolution et de l'interrelation entre les êtres qu'ils pourront contrer cette vulnérabilité. Si vous êtes enclin à agir de cette façon, prenez conscience du fait que si vous n'améliorez pas vous-même votre sort, rien de ce qui vous arrivera ne pourra être plus rose ni plus empreint d'optimisme que votre propre vision des choses. Pourquoi ne pas vous détourner peu à peu de votre rôle d'acteur et devenir le metteur en scène de votre vie? **Seule la personne qui s'engage a le droit de critiquer.** Mais il faut alors que son intervention soit positive, qu'elle apporte des solutions. Voilà ce que pourraient être les bases d'une société mature.

La solitude n'a pas de couleur particulière. Elle n'est ni blanche ni noire, ni bonne ni mauvaise. Par contre, ce qui est sûr, c'est qu'on peut y grandir ou s'y détruire selon la connaissance ou l'ignorance qu'on aura démontrée concernant son très grand pouvoir. Les circonstances de la vie ont peut-être fait que vous vous retrouvez seul. Que ce soit voulu ou non, que vous soyez en vacances dans un endroit calme, en compagnie de personne d'autre que vous-même, que ce soit à la suite d'une séparation que vous n'avez pas vu venir, la meilleure façon de réagir est toujours la même: vous vous adaptez, sinon vous sombrez dans un inutile et bien sombre ennui. Cet état est la porte très attirante qui vous fait accéder à l'impuissance et à l'apitoiement sur vous-même alors que **l'adaptation graduelle est la voie de l'action et de l'avancement.** Ces deux états peuvent se chevaucher, et c'est très bien comme ça, pour autant que l'ennui soit perçu uniquement comme une émotion passagère. Prenez le temps d'apprivoiser la solitude; faites-le maintenant, si c'est possible, même si vous n'êtes pas seul. Quand la Vie la mettra sur votre route, vous serez en terrain connu et vous pourrez alors vous en faire une amie et en tirer profit.

Mon épouse a demandé un jour à la vie de lui donner une explication frappante et sans équivoque de ce qui différencie les messages de l'ego et ceux de l'âme, ou de l'intuition, si vous préférez. **Elle avait bien spécifié «frappante», et c'est bien ce qui l'a frappée!** Le soir même, elle revenait de son travail au volant de son automobile. Elle était sur le point de croiser une intersection où était arrêté un petit camion rouge. Son intuition lui dit aussitôt: «Il ne te voit pas». Mais son mental se hâta d'intervenir: «Mais voyons, comment pourrait-il ne pas te voir? La route est si large et il est bien arrêté.» Et ce qui devait arriver arriva. Écoutant ce dernier argument, mon épouse ne ralentit pas. Le camion démarra en trombe pour venir emboutir le côté de sa voiture. Le conducteur sortit de son véhicule, tout penaud, et, s'avançant vers mon épouse, il lui avoua: «Je ne comprends pas, je ne vous ai pas vue.» L'explication avait été assez claire et «frappante» que mon épouse ne l'a jamais oubliée. Depuis, elle est beaucoup plus explicite dans ses demandes... précisant chaque fois que tout doit se passer dans la douceur et l'harmonie...

Une des différences marquées entre l'âme et l'ego est que ce dernier ne sait jamais pour quelles raisons il est dans le pétrin. L'âme, pour sa part, ne s'en inquiète jamais outre mesure, car elle sait que rien dans la vie d'une personne n'est laissé au hasard. **L'ego a en effet tendance à tout dramatiser, car il ne comprend souvent rien à ce qui se passe!** Seule sa petite personne compte pour lui, de même que les émotions dans lesquelles il se complaît. L'âme, elle, reste sereine et imperturbable, regardant du haut de sa dimension divine comment son «pantin» va se débrouiller dans tout ça. Elle doit parfois en rigoler un bon coup en le voyant se débattre pour si peu... Une chanteuse aveugle que j'ai rencontrée un jour m'avoua candidement que son handicap lui apportait tellement de joie intérieure et de félicité que, si elle avait le choix, elle n'était pas sûre qu'elle voudrait retrouver la vision. C'était son âme qui me parlait ainsi, car elle connaissait la véritable route parcourue et celle qu'il restait à faire.

Je suis la drogue! Mon nom vous fait frémir! Je suis l'amie fidèle de l'alcool et tout comme lui, je vous déteste au plus haut point, surtout les jeunes. Mon travail est l'abrutissement du cerveau; c'est ma spécialité. Je trouve les arbres laids et j'ai une sainte horreur des fleurs. La nature que votre Dieu a créée, je la trouve affreuse; c'est pourquoi j'expédie les gens qui me consomment dans des pays d'épouvante et de désolation d'où, très souvent, on ne revient pas. J'aime les gens sans morale, la saleté, le désespoir et la mort. Mondialement connue, je traverse les continents à la vitesse de l'éclair et je laisse sur mon passage la destruction et la folie! Merci de me vendre, de me consommer et de me cacher; votre aide m'est infiniment précieuse pour anéantir ce qui reste d'amour sur terre. Je suis l'ennemi juré du bonheur, alors, consommez-moi sans réserves. Vous voulez devenir un de mes vendeurs... je suis toujours à la recherche de sang nouveau, tel un vampire. Mon seul ami est l'alcool; nous faisons une belle paire de salauds. Il m'aime et me respecte. Hé, les jeunes! Vous voulez me confier vos cerveaux? Je vous promets de les détraquer à tout jamais et, par la même occasion, de faire de vous de véritables loques humaines; avec un peu de chance, vous pourriez vous suicider ou terminer votre vie à l'asile ou en prison! Je vous laisse réfléchir..., il faut que je vous quitte. Je suis débordée de travail.

P.S. Excusez-moi, mais je n'aurai pas de temps à perdre pour assister à votre déchéance ou vos funérailles. Sans remords aucun, la drogue... (Texte d'origine inconnue)

Dans une émission de télévision destinée aux enfants, il y a quelques années, on retrouvait un personnage tellement extraordinaire qu'il laisse encore en moi ses bribes de sagesse. Son nom était GBS (pour Gros Bon Sens). Chaque épisode présentait des situations de conflits dans un petit village de poupée. Lorsque plus personne ne pouvait trouver de solution acceptable pour la majorité, apparaissait, venant tout droit du ciel, ce cher GBS avec sa solution miracle. En moins de deux, il réconciliait tous les gens concernés. **C'est à ce moment que j'ai compris qu'avec le «gros bon sens», on pouvait tout régler.** Dans chaque situation, on peut le trouver; mais souvent, la guerre des ego et les intérêts de chacun l'empêchent d'émerger. Si GBS était élu député, il ne siégerait dans aucun camp. Il serait là pour réconcilier tous les partis, à la mesure de leur bonne volonté. Monsieur GBS est toujours disponible si jamais vous avez besoin de son aide... et la politique l'intéresse! Avis aux intéressés!

Face à ce jeune qui se révolte et dont la violence détruit tout ce qu'il touche, on est porté à ne voir que le geste malheureux et non le message de désespoir qui est véhiculé. **Ces accès de violence sont souvent les derniers cris à l'aide que lance l'enfant afin de recevoir le secours qu'il n'ose pas demander.** Les suicides sont fréquemment le résultat de ces appels non perçus par les adultes. Un de me amis, enseignant en mécanique, reçut un jour en pleine figure un instrument de fer lancé par l'un de ses étudiants. L'élève avait posé ce geste froidement, sans raison apparente et sans crier gare. Après avoir reçu les soins requis, le professeur en question rencontra le fautif. Celui-ci, en pleurs, lui révéla l'enfer qu'il vivait depuis quelque temps. Il avoua qu'il ne comprenait même pas lui-même son geste stupide. L'enseignant, lui, entendit son cri d'alarme. Après avoir sévi comme il le devait, il entreprit avec le jeune homme un cheminement qui l'aida à se libérer. Si mon ami n'avait pas su voir au-delà du geste, l'adolescent ne serait peut-être plus en vie aujourd'hui. Apprenons à regarder au-delà de ce que nous percevons avec nos yeux physiques. Il s'y trouve parfois tant de mains tendues vers nous!

Tout est sujet à interprétation dans la vie. Les événements malheureux vécus dans notre enfance ont peut-être pris une telle importance qu'ils ont des répercussions négatives sur notre vie d'adulte. Des milliers d'exemples semblables pourraient être cités, mais je me contenterai de vous en proposer un très significatif. Une de mes amies avait eu une enfance très difficile où la présence de sa mère lui avait toujours manqué. Elle la lui a reprochée longtemps, voyant là un manque d'amour flagrant de la part d'une mère toujours occupée à autre chose. Quels malheurs ont été attribués à ce profond sentiment d'abandon! Jusqu'au jour où mon amie prit conscience que, contrairement à ce qu'elle pensait, sa mère aimait tellement ses enfants qu'elle allait travailler jour et nuit pour assurer leur subsistance. Lorsqu'elle revenait à la maison, elle sombrait dans le sommeil, morte de fatigue, et était incapable de manifester son amour comme ses enfants l'auraient espéré. Si vous détectez en vous ce genre de sentiments, donnez-vous comme mission d'y voir plus clair coûte que coûte. Il y a toujours un brin d'amour caché quelque part. **Les événements restent immuables; seule la perception que l'on en a peut être changée.** Si vous ne trouvez pas, n'hésitez jamais à demander de l'aide. Une personne neutre saura plus facilement vous éclairer.

Un jour, un de mes amis, que je considérais comme un frère, m'avoua que mon amitié l'étouffait tellement qu'il s'était volontairement éloigné de moi pour prendre un peu d'air! Abasourdi, mais éclairé par cette révélation, je compris que **j'avais peu d'amis, mais que je les voulais toujours disponibles quand j'en avais besoin.** J'exigeais même d'eux, très subtilement, l'exclusivité et leur en voulais s'ils me cachaient des choses. Ils étaient MES amis, pas ceux des autres. J'entrepris donc une démarche personnelle pour libérer tous ceux que j'avais trop attachés à moi; maintenant, je ne parle plus de MES amis, mais DES amis. Et vous, vous sentez-vous étouffé par quelqu'un qui vous aime un peu trop à votre goût? Auriez-vous le courage et l'honnêteté de le lui dire? Exigez-vous trop de vos amis? Voyez donc ça aujourd'hui. Dans le détachement se cachent les plus profondes relations.

L'homme possède sept corps: le premier est physique et les six autres, subtils ou invisibles aux yeux humains. Chacun de ces corps se développe par cycles de sept ans. Le corps physique prend force de 0 à 7 ans. C'est lui qui reçoit toute l'attention et qui grandit à vue d'œil. Puis, de 7 à 14 ans, c'est le tour du corps éthérique. Intermédiaire entre l'âme et l'esprit, il est responsable de la santé. De 14 à 21 ans se développe le corps astral, celui des émotions. L'adolescence et les premières amours font alors leur apparition. Durant la période s'écoulant entre 21 et 28 ans, le corps mental prend la vedette: hautes études, premier travail sérieux, etc. À partir de cet âge se développent les corps dits plus «subtils». De 28 à 35 ans se dessine le corps causal; de 35 à 42 ans, c'est le tour du corps athmique, puis, finalement, de 42 à 49 ans, le corps bouddhique. Après quoi, l'homme se retrouve en pleine possession de ses capacités. Il peut alors vivre et créer avec un maximum de force... **Avis aux personnes de 50 ans. Vous n'êtes pas à votre déclin** — à moins que vous n'en soyez vous-même convaincu —, mais plutôt à l'aube des plus belles réalisations que vous puissiez imaginer, surtout si, durant toutes ces années, vous avez su purifier vos différents corps par l'action juste et l'amour des autres comme de vous-même.

Le but de toute démarche spirituelle est d'être de plus en plus conscient de sa nature divine et d'accepter l'idée que l'on mérite le meilleur et qu'on a droit au bonheur. Ramtha, une entité de lumière, disait ceci: «Plus vous remplirez votre vase de connaissance, plus votre conscience prendra de l'expansion. Et plus ouverte sera votre conscience, plus grande sera votre réceptivité. Quand vous changez, le vide se fait autour de vous et laisse pénétrer la joie dans votre vie. **Le changement apporte le bonheur. Vous ne savez pas pourquoi, vous êtes tout simplement heureux.** C'est ainsi que cela fonctionne. C'est tellement simple.» Ne craignez donc pas que se complique votre vie si vous entreprenez une démarche spirituelle équilibrée. Seule la joie de vivre y est à la fois compagne et but ultime.

Vous avez appris quelques méthodes de guérison utilisant l'énergie et vous les appliquez à votre façon depuis quelque temps. Vous en êtes à l'étape où vous voulez recevoir de plus en plus d'aide de vos guides afin que votre action soit encore plus efficace et complète. Vous leur demandez souvent de l'aide mais votre ego cherche peut-être trop à en avoir conscience et il espère peut-être aussi voir décupler les résultats. Faites donc, dans un premier temps, un examen de conscience. Essayez de découvrir si vous n'avez pas quelque peu oublié le rôle de simple outil de guérison qui vous a été dévolu. Prenez conscience que vous n'avez aucune emprise sur les résultats de vos interventions. **Le pouvoir de guérir les autres n'est jamais entre nos mains;** il doit être laissé entièrement aux mains du sujet. Ayons donc l'humilité de redevenir ce canal le plus éclairé possible par lequel l'énergie divine pourra circuler à sa guise sans qu'il y ait la moindre intervention de notre volonté.

Il faut demeurer bien ancré dans son rôle de «transmetteur» d'énergie plutôt que dans celui du «donneur». Celui-ci exerce à son insu un certain pouvoir sur les autres, tout en étant cependant plus vulnérable. **Une excellente façon de s'ancrer est de «devenir» nos guides au lieu d'agir avec eux.** Je m'explique. Si vous avez entièrement confiance en un être de lumière en particulier — un saint ou un grand guérisseur (Jésus, Marie, Bouddha, le frère André, etc.) —, demandez-lui de devenir «vous», de se fondre en vous-même durant tout le temps que vous travaillerez sur votre sujet. Ainsi, vous perdrez votre fonction d'opérateur pour être confiné au rôle de canal. Vous pourrez alors dépouiller votre intervention de toute volonté personnelle et vous libérer, par le fait même, de toute attente. Cette façon d'agir fera éviter le piège de vous prendre pour un guérisseur et vous aidera à en éloigner toute émotion. Vous pouvez utiliser le même principe lorsque vous travaillez sur vous-même en «devenant» un grand maître qui, lui, vous transmettra de l'énergie.

Il est extraordinaire de constater l'influence que peut avoir l'être humain sur son environnement. **Prenez les animaux, par exemple. Ils adoptent parfois fidèlement les comportements de leurs maîtres,** et même aussi la mentalité de l'endroit où ils vivent. Un jour, alors que je me trouvais en République Dominicaine, je me mis en route pour la plage. Ce faisant, je dus traverser un champ où circulaient librement vaches, bœufs, porcs et poules sans que ceux-ci démontrent, entre eux ou envers les gens qui passaient, la moindre agressivité. Un fermier qui faisait partie de notre groupe nous dit qu'au Canada, on ne pouvait jamais mettre plusieurs bœufs dans le même enclos sans encourir de graves problèmes. Pourquoi était-ce impensable au Canada et possible ailleurs? La mentalité des paysans habitant cette partie du pays était tellement harmonieuse et paisible que cela se reflétait même chez leurs animaux. Cette influence que nous avons sur le monde animal ne constitue-t-elle pas une raison de plus pour chercher à créer l'harmonie autour de nous? Que nous voulions l'admettre ou non, nous sommes nous-même personnellement responsable de l'ambiance créée autour de nous. Et ça, même les animaux le ressentent!

Le véritable travail, c'est de passer de la parole aux actes! Auriez-vous parcouru mers et monde à la recherche des plus grands sages que rien n'en serait résulté si vous n'aviez pris le temps de mettre leurs enseignements en application dans votre quotidien. **Trop de gens ont, hélas, cette manie d'accumuler dans leur tête connaissance sur connaissance,** sans jamais persévérer dans leur mise en pratique. Vous sentez-vous parfois comme une bibliothèque ambulante qui peut répondre à toutes les questions mais qui cache souvent un grand vide dans son cœur? Si oui, il est peut-être temps de mettre en veilleuse toutes ces connaissances acquises et de vous appliquer à les vivre une à une dans l'humilité et dans la simple joie du moment présent. Lorsqu'elles seront profondément imprégnées en vous, vous pourrez commencer à les transmettre aux autres, pas avant.

J'ai consacré des années à glaner vérité par-dessus vérité; je les ai ensuite expérimentées l'une après l'autre pour pouvoir déterminer avec exactitude celles que je voulais garder ou non. Ma quête m'avait mené devant un tel bonheur que je ne pus m'empêcher de le crier au monde entier, voulant lui offrir à tout prix ce que j'avais cueilli de plus merveilleux. J'avais beau clamer à mon entourage que j'avais des perles extraordinaires à leur donner, on les regardait avec indifférence, et parfois même avec suspicion. **Finalement, je lâchai prise et abandonnai mon projet de convertir le monde!** C'est alors qu'un homme d'une grande sagesse me dit: «Contente-toi de vivre ce que tu veux enseigner aux autres. Mets-leur quotidiennement ta sérénité sous les yeux. Nulle parole ne sera alors nécessaire, car ils verront que tu es bien ce que tu leur présentes et que ton bonheur n'est pas un futile feu de paille. Alors, fascinés par la profondeur de ton bien-être, et curieux d'en connaître la cause, ils viendront s'enquérir du sens de ta démarche. C'est seulement à ce moment que tu pourras leur transmettre ce que tu sais, goutte à goutte, au fil de leurs demandes.» Quel poids cet homme enleva de mes épaules! Je cessai dès lors de vouloir pour les autres et me permis de seulement ÊTRE!

Vous avez appris à visualiser cet avenir que vous espériez tant et à le bâtir pierre par pierre. Certains d'entre vous ont même tapissé les murs de leur maison avec des phrases telles que: «Je suis riche et j'attire de plus en plus la richesse», «L'argent m'arrive avec abondance et facilité», etc. Mais il n'y a rien à faire. Ça ne marche tout simplement pas. Vous êtes toujours en train de calculer le peu d'argent qu'il vous reste pour boucler la semaine. Que se passe-t-il donc? Eh bien! il y a de grosses chances que cela soit dû à des principes qu'on vous a subtilement inculqués dans votre jeunesse. Peut-être aussi avez-vous entendu vos parents vous répéter à maintes reprises que vous étiez né pour un petit pain et que la richesse, c'était pour les autres! **Avant de penser à vous faire une nouvelle programmation, il vous faut d'abord vous débarrasser de l'ancienne.** Commencez donc par le commencement et prenez conscience de ce qui empêche vos projets d'avancer. Il existe diverses méthodes pour annuler d'anciennes programmations, mais parfois le seul fait d'en prendre conscience est suffisant pour les estomper. Alors là, vous pourrez en entrer de nouvelles qui porteront peu à peu leurs fruits.

Avec la pensée positive, on apprend progressivement à éviter de prononcer certaines phrases souvent lourdes de conséquences et chargées d'énergies négatives comme: «Moi, je ne suis pas chanceux», «Je ne serai jamais capable de faire cela», «C'est trop dur, je n'y arriverai jamais», «Je suis un bon à rien, de toute façon», etc. Ces attitudes défaitistes que l'on entretient depuis longtemps originent souvent de l'éducation que l'on a reçue. Mais ce n'est certes pas une raison pour les laisser nous apporter leur lot de limitations pour le reste de notre vie. **Aujourd'hui, faites une journée d'écoute. Ne parlez presque pas.** Tentez plutôt de détecter toutes les phrases négatives que vous entendrez. Notez-les et, le soir venu, amusez-vous à les transformer en phrases positives. Les jours suivants, continuez à être attentif aux programmations limitatives que vous révèlent les propos des gens que vous rencontrez. S'il vous arrive de laisser échapper vous-même de telles phrases, rattrapez-les au plus vite... afin de les transformer aussitôt. Faites-en un jeu. C'est tellement plus facile comme ça!

J'entendais un jour de la bouche d'un conférencier connu que Dieu éprouvait ceux qu'Il aimait et que, par conséquent, ceux qu'Il n'éprouvait pas n'étaient pas aimés de Lui. Les cheveux me dressèrent sur la tête en entendant cette horreur. Je ne pouvais croire que des gens entretenaient encore cette pensée archaïque qu'il fallait absolument souffrir pour «gagner son ciel». J'avais suffisamment pâti à l'époque de ma jeunesse pour «gagner des indulgences» en prévision du jour où je serais soumis au jugement dernier, meurtri peut-être, mais… sanctifié! J'ai heureusement compris avant qu'il ne soit trop tard que Dieu nous voulait heureux, un point c'est tout, et que c'était nous qui attirions nos propres malheurs, les considérant comme les seules voies pour grandir. Je suis persuadé que l'on n'est pas sur la terre pour souffrir, à moins qu'on soit convaincu du contraire. Et alors là, nos vœux sont exaucés! **Avec un minimum de bonne volonté, tout homme peut apprendre dans la joie et l'harmonie.** Il n'a qu'à le vouloir fermement et à demeurer à l'affût du moindre message que lui envoie la Vie.

Le devoir premier de l'homme est d'être heureux. Chaque malheur qu'il se crée n'est que pure interprétation de ce qu'il vit. C'est l'ombre d'un nuage que, par ses pensées négatives, il installe entre lui et le soleil. Ce soleil est pourtant présent en tout temps mais, lorsqu'on ne le voit plus, on a tendance à prendre l'ombre pour la réalité. Cette pénombre temporaire n'est qu'illusion, la simple conséquence du passage d'un nuage devant la lumière. Pensez donc à cela durant les jours gris. **Sachez attendre patiemment que se dissipe cette obscurité qui enveloppe momentanément quelques parcelles de votre bonheur.** Acceptez sa présence comme nécessaire peut-être, mais toujours passagère. Si vous considérez cette ombre comme ne vous convenant pas et que vous ne voulez absolument pas la subir, éloignez-vous simplement de quelques pas de la situation que vous vivez. Par le fait même, vous délaisserez le champ d'action du nuage qu'elle a créé. Tout est fonction de notre façon de voir les choses et de notre détermination à être heureux malgré tout.

N'est-il pas naïf et particulièrement prétentieux de croire qu'à la grandeur de l'Univers, parmi les millions d'étoiles et de planètes qui le composent, il n'y en n'ait qu'une seule qui soit habitée, la nôtre? Prenez le temps de réfléchir à cette idée et de vous faire votre propre opinion. Mais alors, si cette théorie est vraie, pourquoi ne peut-on pas détecter la vie sur d'autres planètes? Comment se fait-il qu'on ne peut voir et contacter les civilisations qui les habitent alors que nos engins interspatiaux passent tout près d'elles? Il est une théorie des plus intéressante qui dit que la densité des vibrations et du champ d'action de ces êtres n'est pas la même que la nôtre. Nous ne sommes par sur la même longueur d'onde. **Leur dimension est différente de la nôtre, et c'est pourquoi on ne peut les voir avec nos yeux physiques.** C'est un peu comme nos corps subtils. Leurs vibrations étant très élevées, on ne peut les observer physiquement mais, avec un peu de pratique et de bonne volonté, on peut apprendre assez facilement à les sentir. Certains parviennent même à les analyser très précisément avec leur «troisième œil» ou, si vous préférez, leur vision extrasensorielle. Donc, à cause de cette différence d'état vibratoire, on pourrait passer devant Vénus et «voir» une planète déserte, alors qu'une vie grouillante d'activité y foisonne à l'instant même, mais à une dimension différente de la nôtre. Seul l'esprit ouvert peut aspirer à faire d'étonnantes découvertes. Êtes-vous prêt à démontrer une telle ouverture?

De plus en plus de personnes sont convaincues que la vie existe sur d'autres planètes, une vie différente de la nôtre, certes, mais tout aussi organisée. **Chaque planète a en effet sa particularité, son niveau de vibration bien à elle, son propre état d'harmonie ou de disharmonie.** On s'incarne donc sur une ou l'autre planète, celle dont l'«organisation» et le genre de vie correspondent le plus aux buts que nous nous sommes fixés à l'aube de notre existence. On parle, par exemple, de Mars comme de la planète rouge, celle de la guerre. Si notre âme doit expérimenter le combat et le courage, si elle doit transcender la haine et la peur coûte que coûte, il y a de bonnes chances qu'elle fasse un séjour sur cette planète. Vénus, par contre, est la planète de l'harmonie, le jardin d'éden, le berceau de la paix totale. On y séjourne avec certains grands maîtres désincarnés pour y expérimenter le bonheur intense et la coopération. Chaque composante de l'Univers a ainsi un rôle bien déterminé à remplir. Le fait d'y croire peut nous en ouvrir toutes grandes les portes.

Peut-on reculer dans notre évolution, redescendre au bas de l'échelle à la suite d'actes qu'on aurait accomplis dans une période léthargique de notre existence? À mon avis, **on ne peut en aucun cas revenir en arrière dans notre évolution.** Il existe une danse sacrée très significative qu'on m'a enseignée il y a longtemps. On la commençait en faisant trois pas en avant, ce qui représentait une période de notre vie où on avançait rapidement. Puis on poursuivait en faisant deux pas en arrière, pour symboliser ces périodes où l'on avait l'impression de reculer. Et cela se continuait ainsi inlassablement, trois pas en avant, deux pas en arrière, nous entraînant quand même toujours vers l'avant, malgré nos reculs. Cette danse sacrée nous apprenait qu'en dépit des deux pas en arrière, on était toujours plus avancé d'au moins un pas par rapport à notre point de départ. Même en croyant reculer, on avance toujours, surtout si on en est conscient. Ainsi va la vie. On peut parfois stagner ou rester sur place pour différentes raisons, mais jamais on ne retourne en arrière.

J'ai connu une période dans ma vie où, ayant beaucoup reçu et beaucoup donné, je me voyais récolter en abondance les fruits de mes efforts. Étais-je rendu au bout de ma route pour que la vie me récompense ainsi? Cette question me trottait continuellement dans la tête, jusqu'au jour où mon vieux sage profita d'un moment où j'étais plus réceptif pour me dire ceci: «Selon ce qu'on t'a enseigné, ce n'est qu'après avoir semé que tu peux récolter, donc seulement vers la fin de ta vie, alors que tu as tout le temps d'en profiter. **Tu crois que la moisson est synonyme de retraite, mais tu n'as pas du tout envie qu'il en soit ainsi.** Voilà le dilemme auquel tu es confronté et qui t'empêche d'aller plus loin. Sache que dans certains pays, on récolte en même temps que l'on sème, que le bananier, par exemple, donne naissance à un autre arbre aussitôt qu'est récolté son fruit. Donc, change ta programmation et laisse entrer la récolte en même temps que tu mets semence en terre.» Je me remis donc à l'œuvre, baignant dans la joie qui m'était revenue.

Certaines phrases sont tellement lourdes de conséquences! Prenons par exemple celle-ci: «Qui a bu boira.» Y a-t-il quelque chose de plus décourageant à entendre pour une personne qui souffre d'une dépendance à l'alcool? Combien de fois a-t-on entendu une phrase semblable? Assez pour qu'elle soit bien ancrée et qu'elle fasse partie de notre mentalité, assez pour qu'elle se concrétise à la première occasion. Combien d'alcooliques sortant de cure sont retombés dans leur ancienne habitude seulement parce qu'ils ont eu la faiblesse de toucher un premier verre? **Ils sont programmés au fait que s'ils boivent une seule goutte d'alcool, ils seront automatiquement pris dans l'engrenage.** Aussitôt qu'ils ont posé ce geste, leur subconscient brandit sa programmation devant les yeux du malheureux. Celui-ci n'a plus aucune chance de résister et il se remet à boire puisqu'on lui a dit que c'était inévitablement ce qu'il ferait! Tout en étant pour certains une motivation à ne pas recommencer, cette forme de pensée est peut-être en partie responsable de cette croyance voulant qu'un alcoolique le soit pour la vie! Je crois, pour ma part, que nombre d'anciens buveurs pourraient redevenir des êtres normaux ne souffrant d'aucune «maladie» s'ils savaient se reprogrammer correctement.

Il existe une énergie que l'on nomme *kundalini* et qui peut s'éveiller soudainement chez certaines personnes en état de méditation. Elle s'élève alors du bas de la colonne vertébrale et monte jusqu'au chakra coronal situé au-dessus de la tête, dénouant tous les déséquilibres sur son passage. **Cet éveil, qui est une véritable libération pour les personnes qui l'expérimentent, provoque parfois des manifestations surprenantes** appelées *kriyas*. Ces dernières consistent en des tremblements, des sons inhabituels, des positions du corps presque impossibles à reproduire à l'état normal, etc. Ces manifestations ne sont pas toujours présentes ni nécessaires lors de l'éveil de la *kundalini*. C'est pourquoi elles ne doivent pas être considérées comme des fins en soi, ni comme des signes essentiels à l'élévation. Cette montée d'énergie est souvent enclenchée en la présence d'un maître «réalisé». Elle ne doit jamais être forcée, mais venir naturellement; sinon, elle risquerait de causer de très graves déséquilibres. Elle arrive d'elle-même quand l'être est prêt à la recevoir.

Trop de personnes croient que la vieillesse n'est qu'un temps de repos, de récolte, de passivité et de «retraite». Combien se sont mises elles-mêmes sur une tablette dès qu'elles sont parvenues à un certain âge, préparant alors leur départ en douce? Ce sont les mêmes gens qui ont proclamé toute leur vie qu'ils ne voulaient pas vivre plus de soixante-cinq, soixante-dix ans, pour ne pas avoir à devenir dépendants de la société ou de leurs enfants. Ils ont vécu leur existence en en consacrant une bonne partie à préparer leur sortie. Quand sonne pour eux l'heure de la retraite, ils se retirent comme prévu ou provoquent des événements qui les forcent à le faire. À tous ces gens, je dis: «**Vous n'êtes pas obligé de mourir avant le temps! Il y a encore tellement à faire!** Toute cette expérience que vous avez acquise et dont vous avez fait bénéficier les autres durant votre vie professionnelle, pourquoi ne pas en profiter vous-même maintenant? Si vous croyez être trop vieux pour ça, rappelez-vous cet Américain du nom de Colonel Sanders qui, à soixante-six ans, fondait son entreprise. Celle-ci devait se faire connaître internationalement quelques années plus tard et rapporter des millions à son fondateur. Pas nécessaire de partir en affaires cependant! Il suffit simplement de continuer à avancer, mais à votre rythme, cette fois, comme si vous étiez encore animé par la sève de vos vingt ans!»

« Contentez-vous de peu et vous serez toujours heureux», tel est le précepte que notre éducation nous a inculqué un jour ou l'autre. Cette programmation peut nous apporter un certain réconfort, mais aussi de grandes limitations! Elle peut en effet signifier que si vous désirez être «toujours heureux», vous devez vous maintenir dans la pauvreté et ne jamais aspirer à la richesse. Si, pour le moment, vous ne recevez de la vie que l'essentiel pour vivre décemment, bien sûr qu'il est préférable que vous vous en contentiez et remerciez le Ciel de vous procurer de quoi subvenir à votre subsistance. Mais si, par esprit défaitiste, vous n'aspirez à rien d'autre en croyant que vous ne méritez pas mieux, il est certain que vous pataugerez dans ce dénuement pour le reste de votre vie. En avez-vous vraiment le désir? Si tel n'est pas le cas, prenez du recul pour voir si cette notion de pauvreté essentielle au bonheur ne vous a pas été imposée par votre éducation. Si vous voulez remédier rapidement à la situation, il est toujours temps de renverser la vapeur et de voir les choses autrement. Repartez du bon pied et **acceptez que l'on puisse aussi bien grandir en sagesse dans l'abondance et l'harmonie que dans le dénuement.**

Nous avons tous chacun nos peurs. Ces peurs, on les traîne dans nos bagages depuis très longtemps ou on les a soi-même créées à la suite d'événements malheureux survenus à un certain moment de notre vie. Celles-là sont comme des bestioles qui se multiplient en nous si on ne fait rien pour les chasser. Il existe de nombreuses thérapies et des interventions de toutes sortes à l'intention des personnes qui ont la ferme volonté d'opérer en elles ce nettoyage salutaire. **Nos enfants héritent souvent de ces peurs qui nous hantent, car ils savent lire en nous comme dans de grands livres ouverts.** Ils captent nos émotions les plus profondes comme aucun adulte ne pourrait le faire. Notre désir de vaincre nos peurs peut donc être soutenu par notre volonté de ne pas transmettre celles-ci à nos enfants. Ils n'ont aucunement besoin d'être hantés par nos «fantômes» alors qu'ils sont occupés à établir des bases fortes pour leur vie future. Si vous êtes le moindrement motivé à vous débarrasser de ces peurs qui vous empoisonnent l'existence, identifiez-en au moins une aujourd'hui et demandez à la Vie de vous mettre sur la voie de la libération. Précisez toujours que, dans la mesure du possible, vous désirez que cela se fasse dans l'harmonie.

Il n'y a pas de maladies incurables, mais seulement des malades qui le sont. Cette abdication devant l'inévitable est due à différents facteurs, comme la condamnation formelle du patient par son médecin. **Celui-ci agit souvent par conscience professionnelle, mais il est lui-même confronté à ses propres limites.** Dans une telle situation, la guérison n'a pratiquement aucune chance de s'opérer, car elle a été tuée dans l'œuf. Les personnes atteintes de maladie grave ne s'ouvrent souvent que trop tard à la véritable cause de leur «mal-être». Cette cause, elle se trouve souvent cachée dans leur «sac d'émotions», à l'intérieur duquel ils n'ont jamais osé aller fouiller. Toute maladie dite incurable n'arrive jamais seule. Elle est toujours précédée de nombreuses petites manifestations, d'avertissements... Soyons à l'affût de ces signes et accueillons-les avec reconnaissance, de même que tous les messages qu'ils véhiculent. Peut-être alors pourrons-nous éviter que le pire ne nous arrive et pourrons-nous aussi changer certains de nos comportements.

Lorsque nous subissons une anesthésie, nos corps subtils sont violemment «forcés» de se détacher du corps physique, le laissant alors sans protection et l'astreignant à capter tout ce qui se dira autour de lui. **Certaines personnes ont déjà assisté, du haut de leurs corps subtils, à leur propre opération chirurgicale.** J'ai reçu de nombreux témoignages en ce sens, les personnes concernées pouvant se rappeler en détail tout ce qui s'était dit et fait durant l'intervention... Ainsi, les gens présents dans la salle d'opération peuvent blaguer sur votre état, ou vous manquer de respect en disant, par exemple: «As-tu vu ce foie? Je ne lui donne pas long avant que ça tourne en cancer, tu veux parier?» ou bien: «On referme tout ça, il n'y a plus rien à faire» (et bien d'autres propos qui m'ont été rapportés mais que je n'oserais pas citer ici). Vous captez inconsciemment ces paroles et lorsque vous revenez à vous, vous ressentez une étrange lassitude au cœur et vous vous trouvez dans un état mental parfois pire qu'avant. Si vous devez subir une intervention chirurgicale, demandez toujours l'aide d'un guide spirituel. Il filtrera tout ce qui se dira ou se fera durant l'opération afin que vous n'en receviez que le positif. Si vous assistez à une intervention, en tant que médecin ou infirmière, de grâce, agissez comme si le patient était conscient de tout ce qui se dit dans la pièce. Vous en ressentirez alors une toute nouvelle satisfaction tout en aidant le malade à se remettre plus facilement.

Il n'y a personne qui ne possède, au plus profond de lui, un immense réservoir d'amour dont il est parfois complètement inconscient. N'a-t-on pas entendu un jour parler de ces bandits les plus méprisables, de ces grands alcooliques, de ces incroyants les plus bornés qui sont devenus, du jour au lendemain, de grands semeurs de paix et de vérité à la suite d'événements qui ont ouvert ce réservoir en eux. **Il ne faudrait jamais juger quelqu'un à partir de ce qu'il présente à la face du monde, mais plutôt à ce qu'il possède quelque part dans son cœur.** Ainsi, le pire ivrogne pourra être vu comme un être tellement fermé sur lui-même et si malheureux de l'image que lui renvoie son miroir qu'il ne voit pas d'autre alternative que de se réfugier dans l'alcool pour masquer son manque d'estime de soi et puiser dans l'euphorie passagère une éphémère joie de vivre. D'autre part, le père incestueux pourra parfois être considéré comme un petit enfant qui a toujours cru que l'amour ne se donnait que par le sexe. C'est ce qu'on lui a toujours enseigné! Il ne s'agit pas, bien sûr, de laisser béatement tout passer en disant que tout est bien. Il faut permettre à la justice humaine de suivre son cours mais sans oublier la sagesse infinie de la justice divine. Même si ça demande souvent des efforts surhumains et un cœur très pur, soyez déterminé à trouver en chacun ce réservoir d'amour qui y sommeille.

On se laisse facilement entraîner par la déception d'un autre, jusqu'à la ressentir, parfois même plus profondément et plus longtemps que lui. C'est ce qui nous arrive lorsqu'on a affaire à des personnes qui sont devenues expertes dans l'art du chantage affectif. Prenez, par exemple, un vendeur qui, après une difficile négociation où il n'a eu d'autre choix que d'abaisser passablement son prix, nous dit avoir perdu beaucoup de terrain et finit même par nous rendre coupable de lui offrir si peu. Et, pour couronner le tout, il s'en va, piteux, la mine basse, en maugréant. Vous vous sentez alors tellement déçu pour lui que, pris de pitié, vous avez envie de le rappeler (ce qu'il espère) pour lui donner ce qu'il veut. **La déception que cette personne ressent (ou feint de ressentir) n'est pas la vôtre et ne doit pas le devenir non plus;** sinon elle ne ferait qu'un malheureux de plus! La prochaine fois que vous sentirez la déception vous envahir en vous apportant son lot de tristesse, regardez d'où elle vient. Est-elle bien à vous ou serait-ce celle d'un autre? Avez-vous été déçu ces derniers jours? Demandez-vous quel événement est à l'origine de ce sentiment. On a assez de ses propres petits «malheurs» sans accueillir en plus ceux des autres, ne croyez-vous pas?

Le plus beau cadeau que l'on puisse offrir à nos enfants est un terrain d'apprentissage où règnent l'harmonie et la paix. Une famille vertueuse, dit la *Bhagavad-gita, telle qu'elle est*, aisée ou consciente de Dieu, est une condition particulièrement favorable au développement spirituel. On se demande tellement souvent ce qu'on pourrait faire de plus pour nos enfants, quel est ce petit «plus» que l'on pourrait leur donner pour qu'ils puissent éviter les pièges dans lesquels nous sommes nous-même un jour tombé. Les enfants ont à vivre toutes sortes d'expériences à l'école, avec leurs amis, etc. **On ne peut rien changer au fait que nous ne sommes que leur guide et qu'ils devront emprunter leur propre route,** différente de la nôtre, mais tout aussi valable. Ce que l'on peut leur apporter de plus beau, c'est un support constant et un nid douillet où ils pourront grandir et venir se ressourcer à leur guise, sans peur d'être jugés.

Le moyen le plus efficace de combattre la solitude, la frustration, la peine et le «mal-être» engendrés par les éléments extérieurs est sans contredit de vivre intensément le moment présent, de s'en émerveiller continuellement et de ne laisser aucun événement nous en distraire. On peut se servir de différents moyens extérieurs à nous-même tels la musique, la méditation dans le calme, la présence d'un ami, etc., pour retrouver une certaine sérénité, mais si on en prend l'habitude, on risque de se sentir dérouté et de céder à la panique si ces moyens ne sont pas disponibles quand on en a besoin. Donc, aujourd'hui, soyez entièrement conscient de ce que vous faites. **Exécutez vos tâches quotidiennes avec la même intensité dont vous feriez preuve si vous mangiez un plat exotique** que vous n'aurez peut-être plus jamais l'occasion de déguster dans le futur. Ne laissez rien vous en distraire. La vie des grands maîtres n'est mue que par cette entière dévotion dans tout ce qu'ils font.

Sur la terre se côtoient continuellement pauvres et riches, mais chacun d'eux a quelque chose à apprendre et à dégager de son état. Certains riches sont attachés à leurs biens et ne vivent que pour ceux-ci. Ils perdent souvent ainsi tout contact avec leur véritable identité et oublient la vraie raison de leur passage en cette vie. D'autres, par contre, ont acquis un certain détachement. **Ils considèrent leurs richesses comme des «prêts» que leur a faits la banque universelle** et qu'ils rembourseront tout au long de leur existence par l'action juste et le partage. À l'autre extrême se retrouvent les pauvres. Il y a ceux qui se complaisent dans leur dénuement, qui l'ont créé de toutes pièces et qui le maintiennent par une certaine pauvreté d'esprit. Ils ont toujours entretenu la pensée qu'ils n'étaient rien et qu'ils ne méritaient, par conséquent, que le strict minimum. On retrouve par ailleurs certains pauvres qui sont complètement détachés de leurs conditions de vie, qui sont bien dans le peu qu'ils ont. Pour eux, la richesse intérieure est la plus grande possession. Les biens matériels ne sont pas nécessaires à leur bien-être, mais s'ils leur étaient donnés, ils les accepteraient tout simplement avec gratitude. Et vous, à quelle catégorie appartenez-vous? Selon que vous vous retrouviez dans l'un ou l'autre de ces camps, comment réagiriez-vous?

« Les mots "adorer", "rendre un culte", "vénérer", "révérer" ne rendent pas exactement le sens de l'attitude de service dont on doit faire preuve devant l'Être suprême. Ces expressions indiquent simplement une nuance de contemplation, d'offrande intéressée ou d'affection respectueuse à l'égard d'un supérieur. » (*Bhagavadgita, telle qu'elle est*, VI:47) La véritable vénération de Dieu consisterait plutôt en une attitude de service en se considérant soi-même comme Sa plus belle créature et en traitant les autres de même, avec foi et amour. Un jour que j'exprimais à quelqu'un toute l'admiration que j'avais à son égard, il me dit: «Si tu admires ce que je suis, si tu apprécies mes qualités, **si ma simple présence te plonge dans la sérénité que je dégage, la meilleure façon de me remercier est d'aspirer à être ce que je suis** et à ne vivre que pour cela.» Je compris alors que vénérer passivement Dieu en l'adorant, blotti à ses pieds, ne donnait absolument rien, ni à Lui, ni à moi. Mais mettre chaque jour un peu plus de Sa beauté dans sa propre vie, c'est ça, l'authentique service divin. Quelles sont les qualités que vous admirez le plus chez les autres? De quelle façon pourriez-vous les développer chez vous, ne serait-ce qu'un tout petit peu?

Le chercheur de vérité est comparable à un alpiniste qui éprouve intensément ce désir inexplicable de monter toujours plus haut, de gravir des montagnes de plus en plus élevées, au rythme de son expérience et de sa capacité à se surpasser. Aux yeux des autres humains, il est considéré comme un être téméraire et inconscient, qui prend inutilement des risques pour atteindre un but que lui seul connaît. L'alpiniste ne sait pas d'où lui vient cette flamme qu'il a en lui, mais il ne peut qu'en constater la présence ainsi que toute cette énergie de dépassement qu'elle engendre en son être. Après la première colline, souvent la plus difficile à gravir, il part braver sa première montagne de taille, puis une autre plus escarpée, jusqu'à l'Everest, qui sait?... Seuls les plus persévérants et les plus courageux y parviennent. Mais alors qu'ils se croient rendus au but, une autre flamme s'allume pour les pousser à aller encore plus loin. Ils ne pourront jamais revenir en arrière. **Ainsi se sent la personne qui commence à cheminer spirituellement. Une force impérieuse la pousse à s'élever constamment, vers des sommets toujours plus radieux.** Cette force, c'est Dieu!

Dans le verset VI:47 de la *Bhagavad-gita, telle qu'elle est,* on retrouve une magnifique description de ce que signifie vivre dans la conscience divine: «**Le yogi parfait concentre son mental sur Dieu**, sur Sa merveilleuse carnation de nuages chargés de pluie, sur Son visage aussi beau qu'une fleur de lotus, aussi éclatant que le soleil, sur Ses vêtements étincelants de joyaux et sur Son Corps orné d'une guirlande de fleurs. L'Être suprême illumine tout de Sa radiance et Se manifeste en diverses formes. Alors, il apparaît comme un simple Être humain, Il devient l'enfant, l'époux, l'ami et le maître parfaits; Il possède toutes les perfections et toutes les qualités spirituelles. Gardez toujours sous l'œil de la conscience ces traits du Seigneur, telle est la plus haute perfection à laquelle on doit aspirer.» L'adoration de la perfection divine se fait donc dans le quotidien; elle devrait faire partie intégrante de nos moindres pensées et gestes.

Toute religion, toute technique de méditation ou de guérison, toute croyance ayant pour base l'amour est un tremplin vers la réalisation de la conscience divine. Ce sont tous des moyens servant à propulser ceux qui les pratiquent vers quelque chose de plus haut. Les adeptes qui parcourent ces routes d'accès y demeurent souvent toute leur vie, convaincus que leur voie est la plus large et la plus lumineuse, qu'elle est l'aboutissement final de leur voyage. **Mais une route ne mène nulle part si on n'y avance pas sans cesse,** faisant toujours un pas de plus pour ne pas stagner. Prenez maintenant conscience de la voie sur laquelle vous cheminez. Vos croyances actuelles sont un tremplin vers quoi? Vous sentez-vous rendu au bout de la route? Quelle serait alors la prochaine étape à traverser? Au-delà de la lumière, que l'on peut sincèrement croire avoir atteinte, il y a encore quelque chose…

Quand on entreprend une démarche spirituelle profonde et sérieuse, on s'aperçoit rapidement que la seule chose qui soit constante... c'est le changement! En effet, quand on n'avance pas, on reste sur place, et c'est ce que font beaucoup de gens qui ont peur du changement. **Par contre, ceux qui ont choisi la voie de l'évolution découvrent que leur vie se métamorphose continuellement.** Pour ces courageux chercheurs de vérité, les connaissances d'aujourd'hui sont différentes de celles de demain, et peut-être même complètement autres que ce qu'elles seront dans dix ans. Plus notre capacité de voir «grand» et «autrement» se développe, plus on peut comprendre les mille et une subtilités de la vie. Nos croyances d'antan nous paraissent alors tellement limitatives et désuètes! Il ne faut pas renier son passé, ni s'y attacher outre mesure, mais plutôt le considérer comme une étape nécessaire vers ce que l'on est devenu aujourd'hui. Regardez ce que vous étiez il y a dix ans. En êtes-vous encore au même point? Se pourrait-il que la réticence au changement vous empêche de découvrir d'autres choses?

« Il faut en venir à recevoir son enseignement directement de Dieu et délaisser certains maîtres rendus fiers par leur vaine érudition», nous conseille la *Bhagavad-gita, telle qu'elle est*. Les croyances du passé ont été utiles mais elles doivent être souvent remises en question, transformées, rénovées… **Le but ultime est de puiser en Dieu Lui-même toute la connaissance.** «Apprendre, écouter directement Ses enseignements sont des actes purs. Le Seigneur présent dans le cœur de chacun agit en ami bienveillant envers celui qui Le reconnaît. Plus la dévotion occupe ses actes, plus il se libère des influences de la passion et de l'ignorance, et voit s'amoindrir ses désirs matériels. Balayé de la concupiscence, il s'établit dans la pure vertu, se sent vivifié par la source de dévotion et saisit pleinement la science de Dieu.» (*Bhagavad-gita*, VII:1) Maîtres, livres sacrés, religions ne devraient être que des moyens nous permettant de prendre contact avec ce Dieu intérieur en nous et de ne nous laisser guider que par Lui, sans avoir besoin d'intermédiaire.

A vez-vous remarqué qu'il est souvent nécessaire que l'on soit momentanément privé de
quelque chose pour en apprécier la beauté
et l'utilité quand cette chose nous revient?
Les gens en vacances qui doivent subir quelques jours
de pluie apprécieront doublement l'arrivée du soleil
dès qu'il daignera se montrer le bout du nez. Les personnes qui vivent une situation financière difficile verront toute rentrée d'argent, si minime soit-elle, avec
un soulagement et une gratitude dont elles n'auraient
jamais pu faire preuve auparavant. Pour beaucoup d'entre nous, rien de mieux qu'une «bonne maladie» pour
nous faire apprécier le plaisir d'être en santé, n'est-ce
pas? Il faut transcender tout ça, **réapprendre à goûter la simple joie d'être vivant** et prendre conscience maintenant de tout ce que la vie nous offre de
beau et de bon. Prenez donc la bonne habitude de
remercier la Vie le plus souvent possible: pour cette
douche chaude matinale qui vous enveloppe et vous
aide à commencer du bon pied; pour ce lit conforta-
ble et douillet qui vous a accueilli tout au long de la
nuit; pour cette chaise qui vous a supporté durant la
journée; pour cet ami ou ce compagnon merveilleux
qui vous seconde en toute circonstance, etc. En développant cette constante gratitude en tout, vous n'aurez
plus besoin de manquer de quelque chose pour l'apprécier. Que cette nouvelle journée qui s'amorce soit
votre «journée-reconnaissance».

On entend souvent l'argument suivant de la bouche de ces... éternels sceptiques: «Comment pouvez-vous parler de l'au-delà? Personne n'en est jamais revenu pour nous dire ce qui se passait après la mort.» Eh bien! détrompez-vous, car **des milliers de personnes qui, après avoir vécu une mort clinique sont revenues à la vie, nous donnent à peu de choses près la même description**. «Le Dr Raymond Moody a d'ailleurs publié quelques livres à ce sujet. Et, dans la plupart des cas rapportés, cette expérience a bouleversé (dans le sens positif) ceux qui l'ont vécue. S'en est suivie une plus grande acceptation de la mort et une diminution de la peur qu'elle inspire, un souci accru d'aider les autres, une vision plus éclairée de l'importance de l'amour, un moindre intérêt pour l'acquisition des biens matériels, une foi grandissante dans une dimension spirituelle et dans le sens sacré de la vie et un esprit plus ouvert à la croyance en une "après-vie".» (Tiré de *Le Livre Tibétain de la Vie et de la Mort*, Sogyal Rimpoché)

L'instant présent se trouve entre la fin de la dernière pensée et le début de la prochaine. C'est dans cet espace que l'on devrait constamment garder sa conscience, cet intervalle sacré où le mental est momentanément inactif. C'est cela, la méditation. Un jour, une dame âgée alla rencontrer un grand saint pour lui demander comment méditer. Celui-ci lui conseilla de demeurer attentive à chaque mouvement de ses mains pendant qu'elle tirait l'eau du puits. Il savait qu'elle atteindrait ainsi rapidement l'état de calme vigilant et spacieux qu'est la méditation. Aujourd'hui, adaptez l'exercice prescrit par ce saint à une tâche routinière que vous avez à accomplir. **Prenez tout simplement conscience de chaque mouvement de votre corps lors de son exécution.** Ainsi, votre esprit ne sera pas occupé ailleurs, et vous aurez médité. C'est simple, n'est-ce pas?

Je voyais un jour un chasseur de papillons muni de son filet tenter de capturer les plus beaux spécimens pour ensuite les tuer et les épingler pour enrichir sa collection. C'est alors que je me rendis compte que, comme ces chasseurs d'insectes, **on essaie souvent de s'approprier la beauté pour la garder pour soi** et la savourer ensuite à sa guise. J'ai été moi-même un collectionneur passionné. Maintenant que j'ai découvert l'intensité du moment présent, j'occupe toutes les secondes de ma vie à m'émerveiller devant les beautés qui me sont offertes: cette fleur qui me remplit de sa douceur mais que je ne cueille pas; ce papillon qui m'inspire liberté et légèreté mais que je ne capture pas; ce chevreuil qui me surprend par sa majesté et sa fragilité mais que je ne tue pas; ce paysage qui me fascine mais que je ne photographie même pas, pour pouvoir en garder un souvenir impérissable.

Si vous formez un couple heureux, ne vous surprenez pas si vous attirez vers vous des gens qui, par exemple, vivent des situations disharmonieuses: séparation ou divorce. Ils viennent tout simplement puiser chez vous ce qui leur manque le plus dans l'état où ils sont plongés: la joie et la plénitude d'une vie heureuse à deux. N'hésitez pas à leur offrir tout naturellement votre chaleur et votre simple état d'être, sans en grossir ni en minimiser les avantages. Soyez tout simplement là, présents, les accueillant sans dire un mot, partageant avec eux l'énergie générée par votre amour l'un pour l'autre. Vous qui vivez de pareilles situations de solitude et de tristesse, cherchez dans votre entourage des gens chez qui émane la joie de vivre et allez vous y ressourcer. Si possible, expliquez-leur vos intentions pour que l'échange soit encore plus intense et constructif. Les gens malades et dépressifs qui se tiennent continuellement avec d'autres personnes aussi malades et dépressives qu'eux ne peuvent que s'enliser toujours un peu plus dans leur malheur qui devient alors collectif. **Chaque trésor que l'on possède ne prend de la valeur que s'il est partagé.** Pensez-y la prochaine fois que l'on viendra vous demander quelques perles.

Seriez-vous surpris d'apprendre que plus une personne devient populaire, reconnue et réclamée de toutes parts, plus elle devient une candidate parfaite à la solitude? Les artistes, les personnages importants, les maîtres adorés de tous se retrouvent souvent seuls, face à eux-mêmes et face à l'image qu'ils projettent. On les voit pourtant continuellement entourés, adulés par ceux qui les aiment. Mais dès que ces derniers ont recueilli tout l'amour et toute l'attention dont ils avaient besoin, ils reprennent chacun leur route, laissant leur héros seul sur l'éphémère piédestal où il a été momentanément élevé. Tous ces gens qui, de par leur fonction, jouissent de la reconnaissance parfois exagérée du public doivent accepter et apprivoiser cette solitude qu'eux seuls peuvent ressentir; sinon, elle pèsera deux fois plus lourd sur leurs larges mais si frêles épaules. Beaucoup d'artistes qui ne l'avaient pas vu venir n'ont pas pu la supporter. Combien se sont suicidés, l'ont esquivée par les drogues ou ont préféré retourner à l'anonymat? La recherche de popularité et de compagnie n'est donc pas un palliatif à la solitude; elle peut même en accroître les effets. **Apprendre à s'aimer tel qu'on est, voilà bien la solution idéale.** Regardez derrière le masque de vos idoles et vous découvrirez probablement un être tout comme vous, mais avec une mission différente, c'est tout. Aux yeux du sage, il n'y a personne qui soit plus important qu'un autre.

Dans ce paradis qui m'a accueilli pour écrire ce livre, j'ai passé presqu'une journée entière à regarder s'ouvrir devant moi la jeune tige d'un palmier qui se trouvait à quelques centaines de mètres plus bas. Le matin, le «bébé» était encore caché dans son enveloppe. Mais en même temps que la journée avançait, la nouvelle palme s'en détachait centimètre par centimètre. Le soir, entièrement dégagée de toute entrave, elle put enfin flotter librement au gré du vent. Mais elle ondulait avec une telle souplesse, comparée aux autres palmes de l'arbre, qu'elle m'inspira une profonde réflexion. **Quelle rigidité on prend avec l'âge!** Les horaires de plus en plus chargés, les croyances acquises qui souvent limitent notre champ de vision, les situations imprévues qui nous obligent à changer sans cesse de cap, tous ces contretemps de la vie nous éloignent peu à peu de cette souplesse qui nous caractérisait durant notre enfance. **Il faut réapprendre à flotter au gré du vent, à courber l'échine quand il le faut, à se relever quand la tempête est passée,** à sourire à tout et à tous, et à apprécier le seul fait d'être en vie. Sauriez-vous déterminer, sur une échelle de un à dix, quel serait votre degré actuel de souplesse? Prenez-en juste conscience et tentez aujourd'hui d'éliminer toute rigidité de vos actes et de vos pensées. Vous verrez le nombre de tensions que vous pourrez ainsi éloigner!

Il y a des gens qui, parce qu'ils vivent des difficultés dans leur vie, ne peuvent supporter la présence du bonheur autour d'eux, et encore moins la fréquentation de personnes heureuses. Notre sérénité intérieure est parfois si intense que l'on veut la partager à tout prix, mais on ne trouve jamais preneur. Ne forcez alors jamais la porte et **acceptez avec compréhension ce rejet temporaire venant de certaines personnes malheureuses.** Évitez, par le fait même, de succomber à la tentation de faire semblant «de ne pas être si heureux que ça» pour ne pas déplaire à l'autre. Certains ont choisi inconsciemment d'évoluer dans la souffrance et ils doivent sombrer jusque dans les bas-fonds afin de pouvoir retrouver la force nécessaire qui les propulsera encore plus haut. C'est alors, et alors seulement, que vous pourrez leur proposer de partager avec eux votre énergie de joie de vivre. Ne semez qu'en terrain propice; sinon vos graines risquent de pourrir avant même d'avoir germé.

Et si, aujourd'hui, nous décidions que le passé n'avait plus aucune influence sur notre présent, et encore moins sur notre futur, quel fardeau nous enlèverions de nos épaules! Essayons de découvrir ces vestiges du passé qui continuent de nous influencer et nous apportent limitation par-dessus limitation. Cela se reflète dans nos actions, nos jugements, nos relations avec les autres, notre opinion vis-à-vis de nous-même. **Seul l'instant présent peut avoir un quelconque impact sur notre avenir,** car on bâtit celui-ci à chaque seconde qui passe, à la suite des décisions que nous prenons. Personne ne peut nous prédire un quelconque malheur sans qu'il nous soit possible d'intervenir positivement pour changer le cours des choses. C'est d'ailleurs, selon moi, le but de toute prédiction: éveiller les consciences pour les inciter à agir. Parfois, une simple prise de conscience peut annihiler complètement un événement. Par exemple, le seul fait de comprendre maintenant qu'il faut éviter de se laisser distraire quand on conduit une voiture, qu'on doit rester tout entier au volant et non régler dans sa tête des problèmes laissés en suspens, peut nous éviter un accident grave. Que chaque nouvelle journée soit un début et non l'éternelle conséquence de ce que l'on a vécu auparavant! Nos expériences passées, quelle qu'en soit la nature, doivent devenir des tremplins, non des boulets qui nous empêchent d'avancer librement.

Méditer dans le silence ou en marchant calmement dans la forêt a pour effet d'établir un lien direct entre notre corps et notre esprit. Ce dernier est notre véritable «moi». Mais il a besoin de se mouvoir à travers notre être physique pour pouvoir vivre des expériences qui lui permettront de mettre en pratique et de conscientiser tout ce qu'il sait. Notre esprit sait ce qui est bon pour nous. Il ne peut pas descendre sur le plan physique, car celui-ci est trop dense pour l'accueillir. C'est pourquoi **la seule façon d'atteindre cette connaissance que possède l'esprit est de s'élever vers lui.** La méditation représente tout simplement un outil pour effectuer en douce ce voyage vers le haut. Une fois qu'on y est, il ne nous reste plus qu'à dialoguer avec lui à notre guise, comme on le ferait avec un vieil ami rempli de sagesse. Ou encore on laisse venir lentement à soi les images qui nous éclaireront sur ce que l'on vit. Que vos méditations ne soient motivées que par ce seul désir de contact amical avec votre partie divine.

Pendant longtemps, la prière n'a été pour moi qu'une occasion d'adresser au Créateur demande par-dessus demande, la plupart du temps égoïstes, bien souvent pour mon seul bien-être personnel. Si, d'aventure, je priais pour les autres, c'était pour qu'ils se rallient à ma façon de penser ou qu'ils passent à travers leur maladie selon ce que moi, je croyais être bon pour eux! Finalement, je priais toujours pour moi, indirectement. La véritable prière s'effectue en deux étapes distinctes: d'abord les remerciements, la gratitude, l'humilité et l'acceptation du fait que l'on ne fasse que proposer, puis, en second lieu, les demandes en tant que telles. **La prière idéale n'exige rien; elle ne sert qu'à transmettre aux gens concernés l'énergie nécessaire pour traverser avec harmonie ce qu'ils ont «choisi» de vivre.** Une bonne façon de faire de la prière un acte constant d'humilité est d'ajouter après chaque demande: «si telle est Ta volonté, mon Dieu». Ainsi, aucun résultat n'est exigé ni ne repose entre nos mains.

Lorsque je me suis engagé sérieusement dans une démarche spirituelle, j'ai décidé courageusement, il faut l'avouer, de regarder au-delà de mes vieilles croyances pour voir s'il ne s'y cachait pas autre chose. J'eus alors l'impression d'être un aveugle qui recouvrait peu à peu la vue. Ainsi se sentent beaucoup de nouveaux chercheurs de vérité qui vont de découverte en découverte. Sachez donc reconnaître les personnes qui sont vraiment prêtes à recevoir cette lumière que vous avez vous-même appris à apprivoiser. Soyez leur guide pendant les premiers temps. Tenez-leur d'abord la main, puis laissez-les de plus en plus libres de cheminer à leur rythme et à leur façon. Dès lors, détachez-vous graduellement d'eux lorsque vous estimerez qu'ils ont acquis le discernement nécessaire pour ne pas trop s'égarer. **Faire découvrir la spiritualité à quelqu'un qui est prêt, c'est comme redonner la vue à un aveugle.** Si vous tentez de le faire pour une personne qui n'en manifeste pas le désir, vous risquez de l'aveugler davantage, en plus de l'apeurer et de fermer la porte pour toujours. Quand le disciple est prêt, le maître apparaît, jamais avant!

La communication est probablement le remède miracle à bien des maux! Exprimer exactement ce que l'on veut dire, comprendre le véritable sens des paroles qu'on nous adresse, être capable de dire non et pouvoir expliquer simplement pourquoi, essuyer les refus opposés à nos demandes en essayant honnêtement de comprendre les raisons qui les motivent, en un mot, communiquer, cela demande un certain degré de maturité; car l'écoute en est le point d'ancrage. Jacques Salomé, un spécialiste en la matière, énonçait un jour les deux règles à suivre pour assurer une meilleure communication. La première, selon lui, c'est d'**arrêter de pratiquer la relation klaxon, tu-tu-tu-tu:** «Tu fais ceci!», «Tu l'as fait exprès!» Il faut remplacer ce «tu» d'injonction par un «je» d'intimité, qui ne s'impose pas mais témoigne. La deuxième règle est d'**arrêter de parler «sur l'autre»,** pour parler «à l'autre»; d'écouter vraiment ce que l'autre a à dire au lieu de se demander constamment ce qu'on pourrait lui répondre. Aujourd'hui, essayez donc de communiquer vraiment sans juger ni accuser! Vous verrez les portes s'ouvrir toutes grandes devant vous.

Ce qui ne s'exprime pas rapidement avec des mots est refoulé au-dedans de nous et se transforme un jour ou l'autre en véritables... maux. Il faut apprendre à verbaliser ses frustrations à mesure qu'elles font surface, non avec un ton agressif ou accusateur, mais en exprimant tout simplement à l'autre ce que l'on ressent face à tel comportement ou à telle parole. **Les frustrations ne viennent jamais des autres; c'est nous qui nous les créons par notre interprétation personnelle des événements.** Les autres ne peuvent savoir ce qui nous agace si on ne le leur dit pas. Aujourd'hui, faites un essai ou deux dans ce sens. Restez à l'affût de ce qui vous irrite; reconnaissez et définissez les sentiments qui vous font réagir; puis, avec simplicité et, de préférence, avec humour, dites aux personnes concernées ce que vous avez ressenti mais en leur faisant bien comprendre qu'elles n'ont pas à se sentir coupables. Cette pratique demande beaucoup d'humilité mais elle vous empêche de charger vos épaules d'inutiles fardeaux.

Combien de fois avons-nous dit ou entendu dire qu'il fallait passer «au travers» de tel ou tel problème! Il y a peut-être une autre manière de voir les choses. On m'a suggéré un jour avec humour qu'**il serait sûrement plus facile de passer «au-dessus» d'un obstacle plutôt qu'à travers!** Pas bête, n'est-ce pas? Je trouvai cette remarque très pertinente et la mis aussitôt en pratique dans ma vie. Ce qui ne signifie pas qu'il faille éviter les problèmes, les ignorer ou les esquiver. Il faut plutôt les survoler avec plus de neutralité et de légèreté en réglant au fur et à mesure les difficultés qui surviennent. Si on pense dans sa tête qu'il faut invariablement passer «à travers», on devient comme cet arbre sec et rigide que la tempête aura sérieusement abîmé ou même cassé parce qu'il n'avait plus la capacité de s'adapter et de plier au bon moment. Lorsqu'on décide de passer au-dessus d'une situation disharmonieuse, on s'adapte plus facilement aux courants qui nous guettent. On atteint tout de même son but, mais sans trop se fatiguer.

Si elles sont bien vécues, les années qui passent sont comme les perles d'un collier qui s'enrichit à chaque anniversaire. Plus elles seront imprégnées d'harmonie et du désir constant de s'améliorer, plus elles seront brillantes. Elles montreront ainsi aux autres notre beauté intérieure. Par contre, les années vécues dans la négativité et l'incompréhension finiront par devenir des boulets qui ne cesseront de nous accabler tant que nous ne les aurons pas transformés. **Les personnes âgées qui ont su cultiver la paix intérieure se voient ornées d'un collier magnifique,** presque continuellement surmonté d'un sourire rafraîchissant. Agissez donc dès maintenant. Considérez vos années difficiles comme de merveilleuses occasions de grandir. Même si vous ne pouvez le voir clairement aujourd'hui, le simple fait de penser ainsi suffira à transformer les pierres sans valeur qui pendent à votre cou en perles étincelantes et légères qui éclaireront sans cesse votre chemin et celui des autres.

Voici les cinq clés de la réussite, telles que décrites dans un texte dont je ne connais malheureusement pas l'auteur. **1. Surmonter les frustrations,** c'est-à-dire savoir les reconnaître sans leur mettre d'entrave, car on risquerait alors d'en augmenter les effets négatifs; savoir aussi les laisser couler en nous et les accepter comme des états normaux, quoique temporaires. **2. Savoir essuyer les refus,** sans les considérer comme des attaques personnelles, mais plutôt comme des occasions de prendre du recul; ainsi on découvre en toute sérénité les véritables raisons qui sont à leur source, ce qui leur évite de se transformer en frustrations. **3. Savoir maîtriser les pressions financières.** Il y a une solution à tout, et rien n'arrive sans raison. On peut toujours composer avec ce que l'on a. Les solutions ne se trouvent que dans une atmosphère de calme, non dans la cohue, et pas avec un esprit fatigué et négatif. **4. Ne jamais tomber dans la complaisance.** Se complaire, c'est rester sur place; c'est piétiner inutilement dans le plaisir ou le malheur que l'on vit. Il faut savoir abandonner certaines choses, certains comportements, pour en attirer d'autres encore meilleurs. **5. Donner toujours plus que l'on n'espère recevoir.** La vie est le meilleur juge. Au bout de la route, vous serez toujours remboursé, ou… encore plus endetté, selon votre attitude. Donnez sans rien attendre, sans rien espérer en retour; faites toujours ce petit pas supplémentaire qui fait toute la différence.

La gratitude exprimée envers les gens qui nous aident est une grande marque d'évolution et d'humilité. Pouvez-vous imaginer, ne serait-ce qu'un instant, quelle place celle-ci peut prendre chez les personnes handicapées ou chez celles qui dépendent, d'une façon ou d'une autre, de la disponibilité des autres? Si vous faites partie de cette dernière catégorie de gens, avez-vous encore bien vivante en vous cette étincelle de gratitude envers les personnes qui vous supportent dans votre quotidien, même si elles sont payées pour ça? Avez-vous l'humilité nécessaire pour accepter avec sérénité le fait que vous avez constamment besoin des autres et la sagesse de leur exprimer, même après de nombreuses années, votre sincère reconnaissance? **La véritable gratitude nous incite à dépasser le monde de l'ego. Elle relègue parfois le maître au rôle de simple serviteur;** elle oblige le patron à se mettre au même niveau que son employé; l'homme «sans peur et sans reproche» à ouvrir son cœur et à laisser quelques émotions couler hors de sa carapace. À qui pourriez-vous exprimer de la gratitude aujourd'hui? Ne manquez pas une occasion de le faire. Vous verrez toute cette énergie lumineuse qui se créera autour de vous.

Vous avez un urgent besoin qu'on réponde à l'une de vos questions fondamentales? Vous attendez l'«autorisation» de votre âme avant de vous engager dans tel ou tel chemin? Vous désirez recevoir un simple message pour parfaire votre évolution? Eh bien! référez-vous à vos rêves! Ces derniers sont l'équivalent des précieux conseils de votre meilleur ami. Ils répéteront le même message, jusqu'à ce que vous en compreniez le sens précis. Si tel est le cas, il serait opportun que vous en étudiiez la signification, car le message que veut vous transmettre votre ami est important. Si vous n'y arrivez pas seul, demandez l'aide d'une personne compétente; vous pourrez alors bénéficier d'une formidable ouverture. Pour profiter de cet état extraordinaire qu'est le sommeil, posez-vous clairement une question avant de vous endormir. Écrivez-la au besoin sur un bout de papier que vous déposerez sous votre oreiller. **Au réveil, restez étendu quelques minutes dans cet état de veille où la clairvoyance a le plus de chances de se manifester** et sentez la réponse. Captez la première pensée qui vous vient à l'esprit. Si ça ne fonctionne pas la première fois, recommencez la nuit suivante. Dans ce domaine, la persévérance est la clef de la réussite.

Un ami nous demande conseil et nous voyons clairement la solution! Mais, à notre grand désarroi, il ne semble rien comprendre à ce que nous lui disons ou aux solutions que nous lui suggérons. On est alors souvent tenté de faire le travail pour lui, tant cela nous paraît facile et évident. À l'affamé, on serait tenté de donner du poisson au lieu de lui montrer à pêcher! L'ère du Verseau que nous amorçons est une période où chacun doit se prendre en charge. L'esclavage et les relations dominant-dominé sont maintenant choses du passé. **Si une personne s'engage dans un chemin difficile que vous avez vous-même franchi avec succès, contentez-vous de l'y accompagner.** Suivez-la pour qu'elle ne s'égare pas au lieu de la précéder avec l'intention de lui éviter tous les obstacles. Ces obstacles, elle aura de toute façon à les affronter un jour ou l'autre. Encouragez-la à continuer et à persévérer. Transformez peu à peu le terrain dans lequel germera la graine que vous avez semée. Soutenez simplement cet être avec toute votre attention, en ne mettant aucune pression en ce qui concerne les résultats de votre action. Soyez là, discrètement, mais tout entier, prêt à intervenir à la moindre demande. Ne jouez plus au sauveur. Ayez plutôt l'humilité de n'être que le serviteur, le bras droit de Dieu auprès des autres, ce qui est déjà beaucoup...

Personne n'a le pouvoir de changer qui que ce soit. Seul l'être lui-même a la possibilité de le faire changer! **Cette prétention à réformer les autres est peut-être l'une des plus importantes causes de la disharmonie qui règne sur la terre.** Les gouvernements, qui ne sont en fait que les miroirs de la société qu'ils dirigent, représentent un excellent modèle de ce comportement immature. En effet, quelle que soit la solution proposée par l'autorité en place, elle sera toujours contredite ou ridiculisée par le camp adverse. C'est toujours l'autre qui a tort et qui doit changer d'opinion, voilà la règle! Et si on veut que ça change, il ne faut pas espérer que nos dirigeants le fassent en premier, c'est évident. Il faut commencer par soi-même. Quand un nombre suffisant de gens auront atteint la sagesse et la maturité d'accepter leurs faiblesses mutuelles; quand ils pourront marcher ensemble en se laissant guider par le «gros bon sens» afin de trouver une solution acceptable pour tous (et il y en a toujours une pour les gens de bonne volonté); quand, dans notre travail, dans notre famille, dans notre entourage, on cessera de juger et de condamner ceux qui ne partagent pas notre avis; alors seulement, on engendrera des gouvernements à notre image. Prenez conscience aujourd'hui des gens que vous voudriez voir charger autour de vous. Qu'est-ce que vous pourriez modifier en vous pour que ces personnes deviennent plus «acceptables» à vos yeux?

Un des secrets des couples heureux est que chacun y a la pleine liberté d'agir dans une confiance mutuelle absolue. Cette confiance se développe avec la maturité de la relation, parfois à la suite de bien des années de travail. **Le respect qui s'établit entre les conjoints élimine tout désir de se changer l'un l'autre.** Ainsi est éloignée la tentation de «jouer au thérapeute» avec l'autre, à moins que celui-ci n'en fasse clairement la demande. Si vous remarquez chez votre partenaire un point qui, à votre avis, devrait être amélioré pour que votre relation devienne plus harmonieuse, attendez le moment propice et n'ouvrez alors qu'une petite porte. Ne forcez rien, attendez que l'autre veuille bien entrer. En attendant ce moment, soyez vous-même ce que vous voudriez que l'autre soit. Prêchez par l'exemple. N'enseignez à l'autre qu'à partir de votre état d'être et de votre rayonnement. Ne lui demandez pas de devenir ce que vous ne pourriez pas «être» vous-même...

Quand un couple se forme, une nouvelle force naît de leurs deux individualités réunies, et c'est ce qu'on appelle le «nous». Ce «nous» est bien autre chose que la somme des deux personnalités qui le composent. Le «nous» est un état où les forces de chacun sont décuplées par la puissance issue de leur complémentarité. Cette intensité accrue peut être détectée chez les couples où se manifeste une constante complicité entre les partenaires. Cette complémentarité est-elle encore présente ou l'a-t-elle déjà été dans votre couple? Est-elle plus manifeste envers vos meilleurs amis? Le «nous» n'entraîne pas la disparition de la personnalité de chacun des deux êtres qui le forment. Au contraire, il les renforce, car son énergie les suit partout où ils vont. Ces personnes ne sont plus jamais séparées l'une de l'autre, même si elles sont séparées physiquement durant des mois. **Le «nous» prend toute sa force de la maturité et de la confiance. Il unit dans l'entière liberté.** Pour vous qui établissez les bases d'un grand amour, gardez toujours cette vérité bien imprégnée au fond de votre cœur. Les liens que vous tisserez vous uniront bien au-delà de vos personnalités.

« Pieds et poings liés, le prisonnier ne peut espérer se libérer par lui-même; et comme il n'a rien à attendre de ses compagnons de misère, il ne devra sa liberté qu'à un homme libre.» (*Bhagavad-gita, telle qu'elle est,* VI:14) Si vous vous sentez en prison ou esclave d'une habitude qui vous limite, ce n'est pas en restant auprès de ceux qui subissent les mêmes émotions que vous vous en libérerez rapidement. **Il est toujours plus efficace de chercher de l'aide devant soi, pas en arrière** ni à son propre niveau de compréhension. Seul l'être qui a déjà transcendé ses limites peut nous être d'une véritable utilité. Arrêtez-vous un instant pour déceler ce qui, dans votre vie, vous empêche d'être vraiment heureux. En même temps que vous prendrez conscience de votre désir de vous débarrasser de ce travers, demandez que vienne à votre esprit la meilleure personne qui ait su transcender cette situation qui vous incommode. Si votre demande est honnête, il vous faudra être vigilant car cette personne sera bientôt mise sur votre route; agissez alors aussitôt. N'oubliez jamais ce précepte: «Quand le disciple est prêt, le maître apparaît». Encore faut-il pouvoir le reconnaître.

Rien ni personne ne peut nous rendre heureux si on n'a pas soi-même ouvert toute grande la porte du bonheur. Tous les grands sages pourraient vous apparaître et vous parler de la joie de vivre dans laquelle ils baignent; ce sera peine perdue si vous ne leur prêtez pas attention ou si vous n'avez aucun désir de les entendre. **On a souvent besoin de toucher les bas-fonds de la tristesse pour comprendre qu'il est temps d'inviter cette intruse à se retirer.** Quel est votre état actuel de bonheur? Dépend-il de l'attitude qu'adoptent les autres envers vous? Votre humeur est-elle liée à la température? à l'intérêt que vous porte votre entourage? au nombre de coups de téléphone ou au nombre de visites que vous recevez dans une journée? Si oui, vous êtes peut-être un peu trop dépendant des autres. Votre bonheur vient de l'extérieur et non de vous! Prenez donc l'habitude, à partir d'aujourd'hui, de vous offrir une petite douceur à chaque jour, un petit cadeau «de vous à vous». Des choses anodines suffisent: une simple gâterie, un livre, une sortie ou quelques minutes bien à vous durant lesquelles vous ne permettrez à personne de vous déranger. Cessez d'être esclave de l'humeur des autres ou des nuages qui viennent voiler momentanément le soleil. Soyez bien, avec vous, coûte que coûte, aujourd'hui!

Plus j'arrive à être bien avec moi-même, plus il m'est facile d'ouvrir la porte à une relation de couple enrichissante, durable et dénuée de cet attachement émotionnel excessif qui est parfois si néfaste. Combien de personnes seules se mettent désespérément à la recherche de cette âme sœur capable de combler leur vide et… qui s'en retournent chez eux bredouilles, encore plus esseulées qu'avant? Car rares sont les gens qui désirent servir de palliatif aux manques des autres. Ils veulent se faire aimer pour ce qu'ils sont et non pour combler les besoins des autres. Par contre, si vous avez su meubler votre solitude d'harmonie, de recherche intérieure et de cheminement spirituel, vous exhalerez ce bien-être et attirerez à votre insu votre parfait complément. Quand on s'abandonne à la Vie, plus besoin de chercher quoi que ce soit. **Tout arrive au bon moment, et souvent quand on s'y attend le moins.** Soyez bien dans votre peau, en toute situation, et indépendamment des circonstances extérieures. C'est le meilleur remède à la solitude!

L'amour et l'amitié, lorsqu'ils sont vécus avec intensité, honnêteté et détachement, sont des sentiments très proches l'un de l'autre. Ils sont complémentaires et souvent indissociables. **On ne peut aimer vraiment une personne sans être avant tout son ami.** Quant à nos véritables amis, ils ne le seraient pas si on ne leur vouait pas un amour sans borne. L'amour et l'amitié sont comme le yin et le yang, les pôles négatif et positif qui, lorsqu'ils sont utilisés ensemble, dégagent toute leur puissance. Lorsque l'un est employé sans l'autre, il demeure pratiquement improductif, ne laissant passer qu'un très mince fil d'énergie. L'amitié authentique, tout comme l'amour du même type, ne dépend jamais de l'intensité du retour qui est donné. Elle est dénuée du «Je t'aime, mais je m'attends que tu m'aimes autant». Pensez un instant à votre meilleur ami. L'aimeriez-vous autant s'il ne vous donnait pas de nouvelles durant un an? L'aimez-vous pour ce qu'il est ou pour ce qu'il vous apporte?

Dans la société comme dans la nature, il y aura toujours des forts et des faibles. Ce qui distingue le plan humain du plan animal, c'est que l'homme peut utiliser sa force pour protéger un être sans défense, tandis que chez l'animal, le fort écrasera instinctivement le faible. Seuls subsistent les animaux les plus robustes et les plus vigoureux. Les autres sont destinés à périr tôt ou tard sous les griffes d'un prédateur. Dans la *Bhagavad-gita*, Dieu se définit ainsi: «Je suis la force du fort, exempt de désir et de passion.» (VII:11) À l'aube de cette ère du Verseau qui se montre déjà le bout du nez, les forts auront une tout autre mission. Cette force qui leur a été donnée par l'Être suprême devra être employée à servir et à protéger les faibles, et non à agresser autrui par intérêt personnel. En fait, la domination égoïste et brutale du fort se rapproche beaucoup du comportement animal. **Le cheminement spirituel amène toujours l'homme au service des autres.** Vous à qui la Vie a donné la force, comment l'utilisez-vous? Pour dominer ou pour servir? De quelle façon pourriez-vous faire profiter davantage votre entourage de cette capacité supérieure de force ou de courage qui vous a été donnée?

Tant qu'on n'a pas compris le véritable sens de l'abandon à la Vie, on s'efforce de maîtriser tout ce qui nous touche. On gaspille alors inutilement une somme énorme d'énergie qui pourrait plutôt servir à nous élever vers un plus grand bonheur. **Abandonné à nous-même, on ne trouve que très rarement les véritables solutions à nos problèmes.** On applique un pansement à un endroit, croyant avoir trouvé la cause de la souffrance, mais elle ressurgit quelque temps plus tard parce qu'on n'a réussi qu'à couvrir le mal au lieu de le soigner. Si on laisse nos «affaires» entre les mains de la Vie, elle s'occupera de faire germer en nous les solutions souvent les plus simples mais qui seront toujours parfaitement appropriées à notre état d'être du moment. Tout ce qu'il nous reste à faire, c'est de demeurer constamment à l'affût de ces solutions. Elles nous seront proposées sous diverses formes: en rêve, par la bouche d'un ami, dans les pages d'un livre ouvert au hasard, etc. Fabriquer ses propres solutions avec un mental rempli de parti pris et de jugements complique inutilement notre vie. Cela multiplie souvent les problèmes plutôt que de les résoudre. Essayez de faire de plus en plus confiance à cette Force suprême qui vous a créé. Laissez-la diriger votre vie!

J'ai rencontré un jour une dame de soixante-dix ans qui en paraissait cinquante. La jeunesse d'esprit renforcée par la sérénité de l'expérience qui émanait d'elle suffisait à transformer ses traits. Par son simple état d'être, elle nous présentait un beau témoignage de la vie que j'ai d'ailleurs beaucoup apprécié. Tellement que j'ai fait le vœu que cette sérénité serait également mienne quand j'aurais atteint cet âge, et même plus. **Cette dame me confia son secret: l'émerveillement devant tout;** devant un bel oiseau, un lever de soleil, les traits d'un enfant, une nouvelle idée, etc. Les cures de rajeunissement les plus renommées ne serviront à rien si on n'y enseigne pas l'émerveillement devant toute la beauté qui nous entoure. Aujourd'hui, retrouvez vos yeux d'enfant. Prenez le temps de vous laisser éblouir par les petites splendeurs qui s'offrent à vos yeux. Ne laissez pas passer une seule journée sans utiliser, ne serait-ce que quelques minutes, vos yeux d'enfant.

Vous voulez être parfait, et c'est bien normal. Le problème, quand on vise avec trop d'intensité cet objectif, c'est qu'on n'est jamais content de ce que l'on fait, qu'on a toujours l'impression de ne pas en avoir fait assez. On est hanté par ce qu'on aurait pu faire de mieux. Cette hantise peut être positive et parfois très motivante, à condition qu'elle ne verse pas dans l'excès. Nous sombrerions alors dans un continuel et harassant sentiment d'impuissance. **Tout ce que l'Univers nous demande,** autant dans le travail que nous faisons à la maison et dans nos relations avec les autres que dans notre cheminement spirituel, **c'est de faire de notre mieux, c'est tout!** Vos enfants ne sont pas devenus ce que vous espériez qu'ils deviennent? Soit! Vous avez cependant tout fait pour réussir, là est l'essentiel! Cette relation de couple en laquelle vous avez mis tous vos espoirs et toutes vos énergies s'est terminée sans que vous l'ayez voulu? Peu importe; là encore, vous avez fait de votre mieux. Dieu ne regarde pas seulement vos œuvres, mais l'amour que vous avez mis à les exécuter. Faites tout au meilleur de votre connaissance; les résultats ne vous appartiennent pas. D'ailleurs, ceux-ci ne vous apparaîtront sous leur vrai jour que bien plus tard...

Il est souvent plus difficile de recevoir que de donner. Combien de fois nous a-t-on offert quelque chose, un cadeau-surprise, par exemple, et que notre premier réflexe a été de dire non? Cette attitude dénote, dans bien des cas, une non-appréciation de soi. «Non, tu ne le mérites pas», nous lance notre intellect, programmé depuis notre plus tendre jeunesse au fait que l'on ne soit que de pauvres pécheurs indignes de recevoir quoi que ce soit de façon gratuite. Soyez assuré que rien, dans l'Univers, n'est laissé au hasard. Si vous gagnez un prix, ou qu'on vous offre un cadeau sans que vous vous y attendiez, c'est qu'un jour vous avez posé un geste d'amour qui vous est maintenant rendu. Apprenez donc à accepter avec gratitude et humilité les présents que Dieu vous envoie, même par les voies les plus inattendues. **Changez votre réflexe du «Non, je ne mérite pas ça» pour un «Oui» rempli de tendresse et de reconnaissance.** Vous méritez le meilleur, ne l'oubliez pas! Ouvrez la porte à l'abondance si celle-ci se pointe à l'horizon. Sachez l'apprécier comme étant un don du ciel, et dites simplement merci!

I l y a des gens qui ne cessent de crier sur tous les toits, et sur un ton souvent pathétique, que tout ce qui touche à la spiritualité doit être gratuit, sinon ce n'est pas valable. À les entendre, un thérapeute de l'âme devrait travailler bénévolement; un écrivain aurait tout avantage à donner ses livres; un conférencier devrait se promener de salle en salle sans rien facturer pour transmettre les perles qu'il a lui-même acquises à force de persévérance et souvent à gros prix. **Il existe une loi dans l'Univers qui est celle de l'échange, petite sœur de la loi de l'équilibre et du juste retour.** Toute énergie qui est transférée d'une personne à une autre doit invariablement entraîner compensation à quelque niveau que ce soit. Si cette compensation n'est pas donnée immédiatement, la Vie s'en chargera en temps opportun. La compensation peut être monétaire ou spirituelle, peu importe. Mais une chose est sûre, c'est qu'elle est nécessaire à l'équilibre. Pensez-y la prochaine fois que vous recevrez quelque chose, ne serait-ce qu'un sourire; rendez-le! Si vous ne voulez pas que les dettes s'accumulent, réglez-les sur-le-champ. Recherchez le juste milieu en toute chose, dans ce que vous donnez comme dans ce que vous recevez.

Il y a deux sortes de spiritualistes: ceux qui cheminent dans l'ascèse et le dénuement total, et ceux qui sont plus près du plan matériel et en retirent un certain bénéfice, monétaire ou religieux. Lesquels sont les plus aimés de Dieu? La *Bhagavad-gita, telle qu'elle est,* explique dans son verset VII:18: «Le Seigneur accepte également le service de ceux qui se vouent à Lui par intérêt, car il existe, là aussi, un échange d'amour. Avec affection, ils demandent au Seigneur une récompense matérielle, et quand ils l'obtiennent, ils sont tellement heureux que leur bonheur même les fait progresser sur la voie de la dévotion.» Donc, **l'Être suprême demande seulement que l'on transmette, d'une façon ou d'une autre, son amour à tous ceux qui veulent bien le recevoir.** Certains préféreront côtoyer des yogis dénués de tout, d'autres feront plus confiance à des gens qui, comme eux, sont immergés dans les soucis quotidiens. Tous ont raison. Ne jugeons donc pas les autres sur les routes d'évolution qu'ils ont choisies. Chacun est au bon endroit et au bon moment, ça c'est sûr!

Il est étonnant de se rendre compte du nombre de phrases que l'on lance soudain sans trop y penser et qui, si on y regarde à deux fois, ne nous appartiennent même pas. **On capte quelque part, une parole, une opinion et, quelque temps après, on la répète machinalement,** même si elle ne reflète pas du tout ce que l'on pense vraiment. Ces paroles, on les entend à la télévision ou à la radio et on les insère dans nos conversations, ce qui a pour effet qu'on ne se reconnaît plus soi-même en certaines occasions. Et plus on se laisse influencer, plus notre caractère a tendance à prendre une teinte particulière, selon les émissions que l'on écoute ou les opinions que l'on entend. Portez donc aujourd'hui une attention spéciale aux paroles qui sortent de votre bouche, surtout dans les situations de conflits avec votre entourage. Demandez-vous si cette façon de penser ou de vous exprimer vous appartient vraiment. Ne serait-elle pas plutôt celle d'un autre? Avec un peu de pratique, vous apprendrez à nuancer les opinions des autres, au lieu de les faire automatiquement vôtres sans trop vous en rendre compte.

Si on vous annonçait demain matin que vous n'avez plus à gagner votre vie et que vos problèmes d'argent seront automatiquement réglés jusqu'à la fin de vos jours, de quelle manière occuperiez-vous vos journées de façon constructive? Quel travail aimeriez-vous effectuer si on vous en donnait le choix? Qu'est-ce qui vous valoriserait le plus? Eh bien! voilà ce qu'il vous faut envisager de faire à partir de maintenant, à court et à moyen terme! Quand je travaillais du matin au soir dans un bureau, mon rêve le plus ardent était de continuer à exercer ma profession — que j'adorais — mais à mon propre rythme et dans ma propre maison, par surcroît. J'aurais aussi tellement voulu pouvoir prendre du temps pour écrire et enseigner aux autres les perles que j'avais reçues au cours des dernières années. Mais je n'avais pas le temps! Un jour, je décidai d'y croire vraiment. **Je demandai donc à la Vie de provoquer, dans l'harmonie et la douceur, les événements susceptibles de me faire réaliser mon rêve,** juste pour voir comment elle s'y prendrait! À ma grande surprise, quelques mois plus tard, tout se mettait en place à travers un scénario que Steven Spielberg lui-même n'aurait pu imaginer! Si vous croyez vraiment en la sagesse divine, confiez-lui vos projets les plus fous, et ne perdez jamais confiance en elle!

Pardonner est un art. Pour certains, cet art est inné; pour d'autres, il doit s'apprendre et se développer en y mettant beaucoup de bonne volonté, souvent après maintes et maintes tentatives. Le pardon authentique et durable est une affaire de cœur, jamais de tête. **Je ne connais personne qui puisse pardonner réellement un acte grave en s'appuyant seulement sur les arguments de son intellect.** Ce domaine est celui de la justice humaine. Mais, me direz-vous, comment trouver les raisons qui expliqueraient les gestes violents d'un père alcoolique ou les perversions d'un individu qui le rendent esclave de ses propres pulsions? L'ego ne pourra jamais excuser ces gestes, car il ne voit pas plus loin que le bout de son nez. C'est seulement en s'élevant au-dessus des hauts cris du mental qu'on pourra allumer une étincelle de compréhension et d'espoir. Comment y arriver? Par la méditation. Après avoir fait le vide en vous et ralenti le flot de vos pensées, élevez-vous à la façon d'un oiseau, comme si vous vous envoliez vers le sommet d'une montagne. Rendu à destination, demandez à votre «vieux sage intérieur» de vous expliquer les véritables raisons qui ont poussé telle ou telle personne à agir de façon répréhensible. Laissez parler votre cœur, en ignorant les arguments de votre mental. Essayez pour un instant de «chausser les souliers» de la personne en question afin de comprendre ce qui l'a incitée à poser un geste semblable. Encore là, le pardon ne consiste pas à excuser un comportement, mais à le comprendre!

« **R**egardez toujours en direction du soleil et vous ne verrez jamais d'ombre derrière vous», disait si bien André Chénier. Laissez-vous guider par un but et ne le perdez pas de vue. Trop de gens entreprennent un cheminement extraordinaire pour s'écarter de leur route au moindre contretemps. En même temps que vous avancerez vers votre but, tout s'illuminera et deviendra facile. **Les difficultés ne surviennent que lorsqu'on reste trop longtemps dans l'ombre d'un événement malheureux ou de pensées négatives!** Dès ma jeunesse, je sentais déjà monter en moi cette pulsion de bonheur et de sérénité qui m'a accompagné jusqu'à maintenant. Depuis, je n'ai jamais perdu de vue mon objectif, même dans les pires épreuves. Regarder le soleil, c'est croire en la beauté de la vie et en son utilité, quelles qu'en soient les péripéties. Quel est votre but ultime? Quel projet vous attire le plus? À partir de maintenant, ne le perdez jamais de vue, même dans les moments les plus sombres.

Le silence est un véritable ami; il ne nous trahit jamais. Quand on a su l'amadouer et en retirer les bienfaits, il devient un refuge où seul l'instant présent compte. **Le silence a précédé notre naissance et il nous accompagnera au-delà de notre vie. Il est l'état le plus sacré qu'il nous soit donné de connaître.** On s'y retrouve toujours, même après une journée infernale. Chaque soir, on s'y endort avant de s'envoler vers d'autres cieux. Avez-vous peur du silence? Si oui, c'est peut-être que vous le connaissez mal ou pas assez. Vous auriez alors avantage à l'inviter chez vous plus souvent! Plongez-y volontairement, quelques minutes par jour au début, puis sur des périodes de plus en plus longues. À force de l'expérimenter, la musique même la plus douce ne pourra le remplacer, et vous ne vivrez plus alors que pour le retrouver. Chut!... Aujourd'hui, que votre devise soit: «Chut!»

L'aspect que nous présentons quotidiennement aux autres n'est pas nécessairement celui de notre corps physique, mais plutôt celui de notre bien-être ou notre «mal-être» intérieur. En effet, que nous soyons beau ou laid, chétif ou énorme, si nous sommes bien en dedans, si nous nous acceptons comme nous sommes, les gens nous trouveront resplendissant. J'ai connu une grande dame qui était atteinte de sclérose en plaques. Elle était clouée dans un fauteuil roulant depuis de nombreuses années, ayant perdu l'usage de ses deux jambes. Cette personne était tellement épanouie, son sourire si extraordinaire que la paix qui s'en dégageait suffisait à effacer instantanément tous les défauts de son corps. **On voit le superficiel avec nos yeux physiques, mais on ne ressent vraiment les autres qu'avec notre cœur!** C'est pourquoi on ne peut rien cacher aux gens de cœur, car ils voient notre âme à travers nos yeux et notre sourire. L'homme heureux n'a de secret pour personne. Ce qui émane de lui illumine tout ce qu'il est et bénit tout ce qu'il rencontre.

Êtes-vous parfois découragé devant toute cette violence que l'on nous montre aux actualités télévisées, dans les journaux, partout dans les médias? Je me suis souvent retrouvé devant ce dilemme insoluble, incapable d'imaginer que ce monde d'amour auquel j'aspirais tant émergerait de la boue dans laquelle il était plongé. Un jour, mon vieux sage me fit comprendre que les journaux ne diffusaient que ce qui faisait vendre leur papier. Cependant, parallèlement à cette violence médiatisée et grâce aux réactions qu'elle provoquait chez les gens de cœur, il se développait une toute nouvelle conscience supérieure chez le reste de la population. Mais ces gens qui se servent positivement des événements malheureux pour se propulser vers une compréhension plus éclairée, personne n'en parle dans les actualités, n'est-ce pas? Même vous, si vous lisez ceci, c'est que, d'une façon quelconque, vous avez la ferme volonté de vous améliorer. **Voyez la violence mais ne la nourrissez pas par votre haine ni par la peur qu'elle pourrait engendrer en vous.** Qu'elle vous incite à devenir encore meilleur pour contrebalancer ses effets négatifs. En un sens, elle vous aidera à grandir si vous savez la transcender et la combattre en cultivant son contraire: l'amour.

Comment peut-on faire un choix éclairé entre les milliers de livres, de techniques et de cours sur la spiritualité qui nous sont offerts en ces temps de recherche intérieure intense? Même avec la meilleure volonté du monde, on ne peut s'y retrouver que si l'on prend vraiment le temps de soumettre son choix à l'assentiment de son cœur. Devant une nouvelle théorie, une approche différente de la nôtre sur un sujet donné, il ne faut pas laisser son intellect trancher trop vite la question par un oui ou par un non. Prenez un certain recul, en vous relaxant par exemple, et **sentez «ce que ça dit en-dedans de vous» lorsque vous y pensez.** Ainsi, si vous devez prendre une décision concernant une nouvelle croyance, un nouveau projet ou un atelier de croissance qui vous est offert, laissez-vous d'abord imprégner par eux et observez votre réaction. Si ça «rit» à l'intérieur de vous, c'est que c'est bon pour vous en ce moment; sinon, laissez tomber et passez à autre chose. Apprenez à faire de plus en plus confiance à votre *feeling* intérieur, à votre intuition.

Tout ce qui a été écrit dans ce livre est le résultat de mes nombreuses années de recherche intérieure et d'expérimentation de la vie quotidienne. Les réflexions qui me sont venues durant cette période de ma vie, je vous les ai livrées, non en tant que vérités absolues, mais plutôt comme des observations personnelles. **N'y prenez que ce qui fait votre affaire, en mettant tout simplement de côté ce qui ne vous convient pas.** Chacun a sa propre vérité et personne ne peut prétendre la détenir à lui tout seul. Mon unique but, comme celui de tous ces assoiffés de vérité parmi lesquels vous êtes, est de pouvoir atteindre un jour ma pleine réalisation, de même que la connaissance entière et profonde de l'Amour. Je veux vivre continuellement dans la conscience divine et voir en tous et chacun, comme en tout ce qui existe, la flamboyante étincelle de la perfection, cette partie divine qui imprègne tout. **Soyez donc bien dans ce que vous êtes et ce que vous faites; c'est peut-être là le secret le plus extraordinaire de la réalisation de Soi.**

Index

Certains extraits de textes ont été tirés ou inspirés des publications suivantes:

AIVANHOV, Omraam Mikhaël. *La nouvelle terre,* Éditions Prosveta, 1983.

BOLDUC, Marie. *Paroles de Lumière,* Éditions Le dauphin blanc, 1992.

LASALLE, Pierre. *La voie de l'amour,* Éditons de Mortagne, 1993.

MAGAZINE *Vie et Lumière.*

MUKTANANDA, Swami. *Méditer,* Paris, Éditions de la Maisnie, 1982.

PRABHUPADA, Swami. *La Bhagavad-gita, telle qu'elle est,* Éditions Bhaktivedanta, Montréal, 1990.

RAINVILLE, Claudia. *Participez à l'Univers, sain de corps et d'esprit,* Éditions F.R.J., 1989.

RAINVILLE, Claudia. *Rendez-vous dans les Himalayas,* tomes 1 et 2, Éditions F.R.J., 1993.

RAMTHA. *Ramtha,* Éditions Astra, 1988.

RIDDELL, Carol. *Findhorn: 30 ans d'expérience,* Éditions Le Souffle d'Or, 1992.

RINPOCHÉ, Sogyal. *Le Livre Tibétain de la vie et de la mort,* Éditions de la Table Ronde, 1993.

TWITCHELL, Paul. *Eckankar, La clé des mondes secrets,* Éditions Eckankar, 1989.

Pour commentaire ou demande de renseignements concernant les ateliers et les conférences de Monsieur André Harvey, veuillez écrire à l'adresse suivante:

André Harvey
C.P. 384
Saint-Damien, Bellechasse (Québec)
G0R 2Y0

André Harvey est également l'auteur des livres suivants:

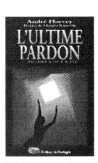

Sur la voie de la sagesse

Un vieux sage m'a dit...

L'ultime pardon... au-delà de la vie!